# お坊さんに聞く108の智慧

田中ひろみ

はじめに
皆さんこんにちは
仏像イラストレーターの
田中ひろみと
申します
大阪生まれの私は
子供の頃、
仏像好きの叔父に
奈良や京都の仏像拝観に
連れまわされて
いました
そのときは、まったく興味のなかった
仏像でしたが……
みんな同じに見える〜〜
大人になって、久しぶりに行った三十三間堂で
仏像と恋に落ちました
ステキ♥
それからは全国の仏像に会いに行く日々♥
好きが高じて、仏像の本もたくさん出しました
仏像、大好き！
勝手に仏像ランキング
近江の仏像
仏像なぞり描き
奈良の仏像100
仏像の謎

女子の仏教サークル「丸の内はんにゃの会」の代表になったり
メンバーで写経したり
「奈良の仏像100」という本を出した関係で、奈良市の観光大使に任命されました
任命します
奈良市市長
観光大使の名刺
そうして多くの人と接する中いろんなことを相談される機会が増えました
相談したいことが～
そんなとき、答えに困る場合があります
う～ん
私自身も悩むことがあるしどうしたら解決できるのか考えました
友達がガンで死んでしまったなぜ彼女が？
私は、何のために生まれてきたんだろう？
そうだ！
ポン

お坊さんに相談すればいいんだ
奈良の知り合いのお坊さんや、まんがを描く友人のお坊さんに相談に乗ってもらおう！

◎海龍王寺 住職
**石川重元さん**（奈良県）

1966年　奈良で生まれる
1989年　種智院大学卒業後、京都仁和寺において修行
1991年　真言律宗海龍王寺住職を拝命
伝統を重んじつつ、革新的な取り組みと新しい概念を次々打ち出している。そのエネルギーと面白さから、みうらじゅん氏に「イケ住」と称される。「祈り」を最も大切にし、市井《しせい》の宗教者として信望をあつめる

◎聖林寺 住職
**倉本明佳さん**（奈良県）

2003年　一般企業勤務・退職・結婚を経て聖林寺に勤務
2007年　聖林寺先住職である母・芳玄悠知法尼に伴い、千光寺ご住職・大塚静遍阿闍梨により得度※
2010年3月　阿闍梨・網代智盟大僧正の元、加行
同年10月　母・芳玄悠知法尼が亡くなったことに伴い、聖林寺住職となる
同年12月　大阿闍梨・下泉恵尚大僧正により傳法灌頂

※得度…僧侶となるための出家の儀式。

◎尼僧　漫画家

**悟東あすか**さん（東京都）

高野山真言宗の尼僧、漫画家。東京都在住
1989年　週刊少年ジャンプ第30回赤塚賞トップ入賞し受賞作でデビュー
臨済宗妙心寺派の月刊誌「花園」、真言宗智山派季刊誌で連載を持つ。著書に『幸せを呼ぶ仏像めぐり』（二見書房）

**辻　明俊**さん（奈良県）

◎法相宗大本山　興福寺　執事／境内管理室長

2000年　大谷大学文学部仏教学科を卒業
同年、興福寺入山
2004年　広報・企画事業などを担当、現在に至る
2011年　興福寺竪義加行を成満
2012年　興福寺子院・常如院住職／興福寺録事になる
2014年　興福寺執事に就任
2017年　境内管理室長に就任

**村上定運**さん（奈良県）

◎法相宗大本山　薬師寺　録事
東関東別院　潮音寺　住職

1997年　12歳のときに薬師寺の故・高田好胤を師として※得度を受ける
2000年　NHK教育「真剣10代しゃべり場」第二期生としてレギュラー出演
2012年　早稲田大学大学院文学研究科修士課程修了
2016年　一生に一度しか受けることを許されない「竪義《りゅうぎ》」を無事に終える

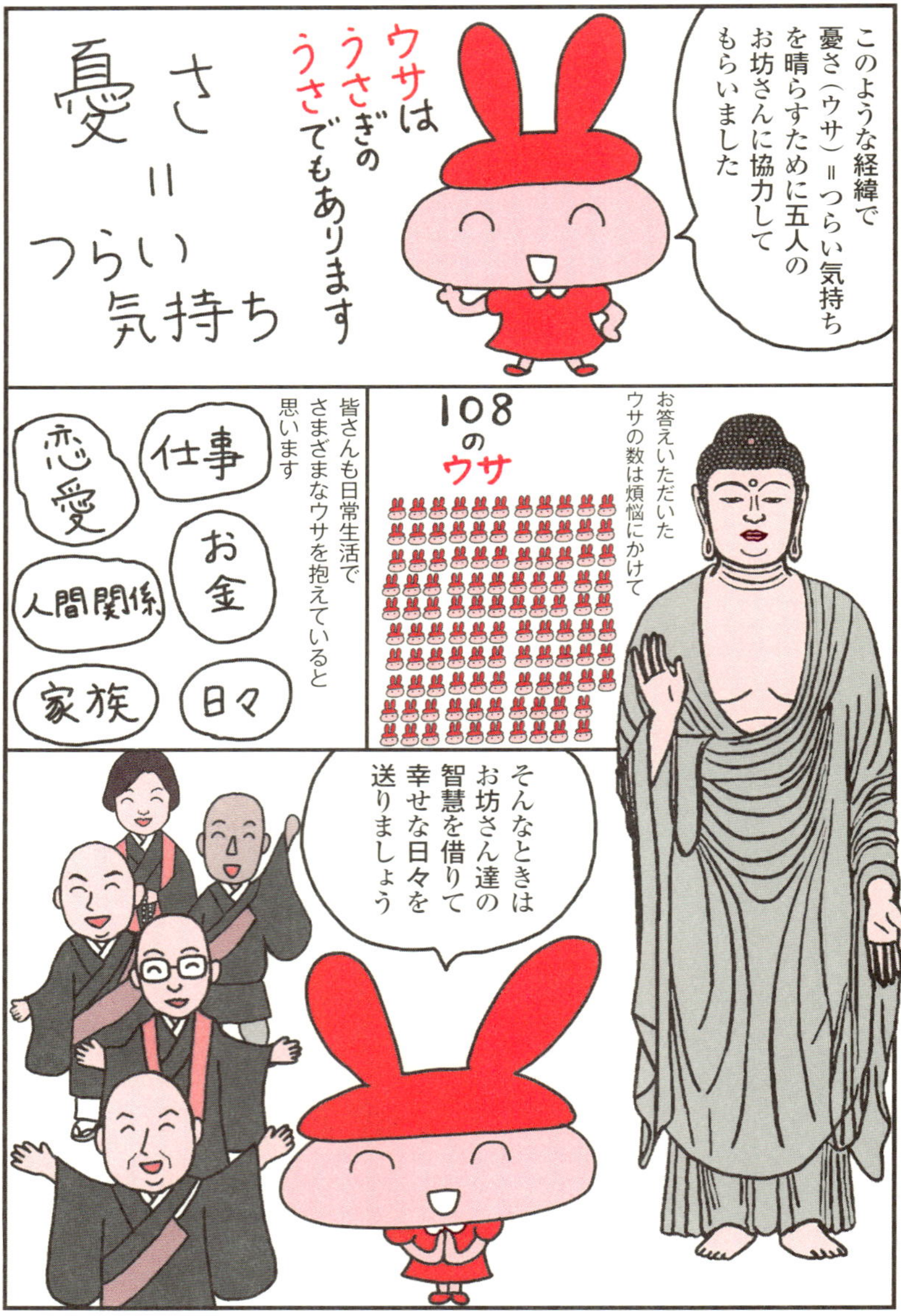

このような経緯で憂さ（ウサ）＝つらい気持ちを晴らすために五人のお坊さんに協力してもらいました
ウサはうさぎのうさでもあります
憂さ
＝
つらい気持ち
お答えいただいたウサの数は煩悩にかけて
108のウサ
皆さんも日常生活でさまざまなウサを抱えていると思います
仕事
恋愛
お金
人間関係
日々
家族
そんなときはお坊さん達の智慧を借りて幸せな日々を送りましょう

# 目次

はじめに……002

## 第一章 仕事のウサ……011

ウサ1 起業したい……012
ウサ2 給料が上がらない……013
ウサ3 産休を取ると仕事が続けづらい……014
ウサ4 会社で必要とされるには……015
ウサ5 ずっとフリーターでいたい……016
ウサ6 仕事上のつき合いが苦手……017
ウサ7 悪口を言うお客様……017
ウサ8 リストラされた……018
ウサ9 好きなことを仕事にしたい……020
ウサ10 自分より能力が低い人が評価される……021
ウサ11 妊娠中で職場で気まずい……022
ウサ12 就職活動の面接で緊張する……023
**お坊さん自身のことを聞いてみた！ 村上定運さん**……036

ウサ13 職場で悪口を言われている……024
ウサ14 職場のいじめ……025
ウサ15 同僚とそりが合わない……026
ウサ16 職場で孤立している……027
ウサ17 仕事にやりがいが持てない……028
ウサ18 上司の顔色をうかがってしまう……029
ウサ19 通勤がつらい……030
ウサ20 会社をやめたい……031
ウサ21 上司と話が合わない……032
ウサ22 転職をくり返してしまう……033
ウサ23 仕事で自信が持てない……034

## 第二章 恋愛・結婚のウサ……039


ウサ24 夫が浮気性……040
ウサ25 親友の好きな人を好きになった……041
ウサ26 結婚への焦り……042
ウサ27 養子を愛せる自信がない……043
ウサ28 妻の話がつまらない……044
ウサ29 シングルマザーの恋愛……045
ウサ30 肉体関係を持ったことがない……045
ウサ31 パートナーが子供を欲しがらない……046
ウサ32 男性の前で固まってしまう……047
ウサ33 フラれるのが怖くて恋愛できない……048
ウサ34 結婚生活が退屈……049
ウサ35 既婚者とおつき合いしている……050
ウサ36 結婚しないと未熟なのか？……051
ウサ37 子供ができない……052
ウサ38 夫が家事を手伝わない……053
ウサ39 ひとりの女性は強がっている？……054
ウサ40 交際を公表したがらない彼……055
ウサ41 専業主婦になりたい……055
ウサ42 二次元にしか興味がない……056
ウサ43 愛されている実感がない……057
ウサ44 結婚直後の夫の突然死……058
ウサ45 同性を好きになってしまった……060
ウサ46 前の彼女が忘れられない……061

お坊さん自身のことを聞いてみた！ 石川重元さん……062


## 第三章 人間関係・人生のウサ……065


ウサ47 親友の結婚式に呼ばれなかった……066
ウサ48 貸したものを返さない友人……067
ウサ49 きれいな友達が羨ましい……068
ウサ50 気くばりに感謝されない……069
ウサ51 既読スルーされる……070
ウサ52 隣人の干渉がうっとうしい……071

ウサ53 後悔ばかりしてしまう……072
ウサ54 完璧を周りに求めてしまう……073
ウサ55 子育てからの社会復帰……074
ウサ56 友達の功績を喜べない……075
ウサ57 ドタキャンする友達……076
ウサ58 友人間のお金の貸し借り……077
ウサ59 心から話せる友達が欲しい……078
ウサ60 悪口を言われていないか不安……079
ウサ61 謙虚な気持ちを持つためには？……080
ウサ62 ママ友同士の対立……081
ウサ63 当たり前の幸せが欲しい……082
ウサ64 困ったときだけ仏様にすがるのは罰当たり？……083
ウサ65 ＳＮＳで嫉妬してしまう……084
ウサ66 人づき合いが苦手……086
ウサ67 つらい思いをせずに生きていきたい……087
ウサ68 生きている意味がわからない……088

お坊さん自身のことを聞いてみた！ 悟東あすかさん……090

第四章 家族のウサ……093

ウサ69 ＤＶを受けて育った……094
ウサ70 就職して欲しい親……096
ウサ71 両親がケンカばかりする……097
ウサ72 夫と義母の仲がよすぎる……098
ウサ73 アルコール依存症の父……099
ウサ74 娘がいじめにあっている……100
ウサ75 母親の干渉がひどい……101
ウサ76 弟夫婦が両親の年金を使い込んでいる……102
ウサ77 結婚を大反対された……104
ウサ78 親の顔色をうかがってきた人生……105
ウサ79 スマホ依存症の息子……105
ウサ80 同性との交際を親に隠している……106
ウサ81 大学卒業後働かない息子……107
ウサ82 わがままな親と縁を切りたい……108
ウサ83 自分の子供を好きになれない……109
ウサ84 遺産相続を巡る兄弟姉妹の争い……110
ウサ85 お金を有意義に使って欲しい……111
ウサ86 中二の息子が言うことを聞かない……112
ウサ87 仲の悪い父と兄……113

お坊さん自身のことを聞いてみた！　倉本明佳さん……114

第五章
## 日々のウサ……117

ウサ88　寝る前に不安が押し寄せてくる……118
ウサ89　神様に感謝する意味がない？……119
ウサ90　些細なことにイライラする……120
ウサ91　立て続けに起こる不幸……121
ウサ92　痩せたいのに食べてしまう……122
ウサ93　家族に内緒で借金……123
ウサ94　体が弱い……124
ウサ95　習い事をしても長続きしない……125
ウサ96　世の中が不公平……126
ウサ97　ペットロスから抜け出せない……127
ウサ98　友人の突然死……127
ウサ99　嫌なことが忘れられない……128
ウサ100　何もしたくない日々……129
ウサ101　悲しいニュースばかり……130
ウサ102　貯金ができない……131
ウサ103　パチンコがやめられない……132
ウサ104　同じ毎日に飽きた……133
ウサ105　物事を先延ばしにしてしまう……134
ウサ106　天災が怖い……135
ウサ107　職場と家の往復ばかり……136
ウサ108　小心者な自分を変えたい……137

お坊さん自身のことを聞いてみた！　辻明俊さん……138

おわりに……141

企画・編集
酒井ゆう（micro fish）
編集補佐
北村佳菜（micro fish）
デザイン
平林亜紀（micro fish）

第一章

# 仕事のウサ

面倒な職場のつき合い

上がらないお給料……

憂うつな仕事のウサを晴らそう！

ウサ 1

**起業したいのですが、親や友人、職場の人から反対されています。最終的には自分の意思だと思いますが、周りの意見も大切にした方がいいのか迷っています。**（33歳　男性　営業）

辻


## 縁《ゆかり》ある人の声に耳を傾ける

反対されるというのは、それなりの理由あってのことでしょうか。こんな喩《たとえ》をひとつ。種が芽を出すには、いくつかの条件が必要です。手のひらにのせているだけでは芽は出ません。土に埋め、光や水があって、初めて芽を出すことができます。

太陽や水が、親や友人の意見だと思えば、それがいかに大切なことかわかりますよね。それをないがしろにすれば、成功の芽は出ません。まずは周りとの繋がりを考えてみましょう。人間誰しも自分ひとりの力で生きているのではありません。縁ある人の声に耳を傾けるのは当然だと思います。

しかし、まだ30代と若い。どうしても起業したいという志があるのなら、やってみるのもよいかと。ただし、自分の意志で決めたことであっても、それはさまざまな縁《えん》によって成し得る結果。そのことを忘れないでください。

自分で決めたことなら
たとえ失敗しても
誰のせいにもできないし
納得できると思います

ウサ 2

**給料が上がりません。毎日、朝早くから夜遅くまで働いているのに、貯金もできないほど生活が苦しいです。日々、虚しくて仕方ありません。**
（26歳　男性　Web関係）

## 仕事とプライベート ふたつのバランスが大事

仏教に※中道《ちゅうどう》という教えがあり、弦楽器の弦によく例えられます。弦は張りすぎては切れてしまい、緩くては音が出ません。これと同様に質問者の心の弦はまさに張りつめている状態で、切れる寸前になっているのでしょう。

弦の左右には支点があり、一方の支点は「会社」に、もう一方の支点は「プライベート」に当てはめられます。現在は「会社」の支点を弦を締めすぎておられるのでしょう。

もう一方の「プライベート」の支点を緩めて、弦を適切な張りに戻す必要があります。

バランスのよい弦の張りは、日々の生活をよりよく変えることにもなります。

※中道（ちゅうどう）…二項対立している事柄のどちらかに偏ることなく、かつどちらも肯定する「何ものにもとらわれない」という意味の仏教用語。

何のために仕事をしてるのか立ち止まって考えてみてはどうでしょう？

ウサ 3

**会社は産休を取ってもいいと言っていますが、辞職に追い込まれた先輩が多く、産むタイミングが見えてきません。仕事と子供どちらかを選ばないといけないのでしょうか？**（30歳　女性　会社員）

悟東

## 必要なのは、両立する工夫 見方を変えて柔軟な対応を

退職に追い込まれた先輩達の状況をちゃんと分析すれば、子育ての何が仕事の足を引っ張るのかが見えてくると思います。

例えば、子供が熱を出すと保育園から呼び出しがきて、早退しなくてはならないなど。困難があっても仕事と子育てを両立させたいのであれば、相応の努力をするしかありません。

現状では両立する工夫が求められていて、「仕事と子育てのどちらか」という択一を迫られているわけではないと思います。

もう少し視野を広げて、やりたいことを可能にするための工夫をしていくことが大切です。

少し周りに助けを求めて、さまざまな人の知恵を借りてみてください。

産むタイミングを
考えてたら
いつまでたっても
産めないかもしれません
産んでみてから
考えてもいいと思います

ウサ 4

**就職活動でなんとか今いる会社に入りましたが、ここで一生働けるのか、とても不安です。ずっと必要とされるためには、どうしたらいいのでしょう？**

（23歳　女性　会社員）

# 大きな目標でなく日々の小さな精進を続けること

倉本

会社に入るのが目的ではなく、入ってから続けることを目標にしていらっしゃって、素晴らしいと思います。

お釈迦様の言葉に「※精進《しょうじん》せよ」というものがあります。ただがむしゃらに頑張ればよいという意味ではありません。他者に勝つためではなく、自分に克《か》つ努力をするのが「精進」です。

「己に克つ努力」とは、大きな目標を立てるというよりは、日々「精進」し続けること、つまり実践が大事なのです。

できなかったらどうしよう、次だめだったらどうしよう、と考えるのではなく、とにかく日々実践することです。

まずは一生懸命に日々コツコツ努力するしかないですね

※精進（しょうじん）…仏教の主な教えのひとつ。雑念を取り去り、ひとつのことに集中して励むこと。

ウサ
5

**自由な時間が少なくなるのでアルバイトを続けていますが、将来のことを考えて正社員を目指しなさいと言われます。フリーターのままではだめなのでしょうか？**

（28歳　男性　小売　アルバイト）

# 将来必ずツケが回ってきます

村上

フリーターのままなら、将来苦労することを覚悟してください。幸せも不幸せも、楽も苦労も、だいたい同じ量だと僕は思っています。

自分が欲しい自由だけを先に手に入れてしまうと、将来体が不自由になってきて、若い頃のように仕事を存分に続けられなくなったとき、生活の基盤となる収入が得られなくなってしまうかもしれません。

あえてその道を自分が選んで進むのであれば、周囲は止めることはできません。しかし、フリーターを選んで進んだ道の先には、必ず後回しにしている問題が消えずにあなたを待っているということを覚悟していてください。

昔、親に
若いうちの苦労は
買ってでもしろ
と言われました

## ウサ 6

**仕事上のつき合いが
苦手です。
取引先の方との飲み会など、
上司に連れて行かれますが
苦痛です。**

（32歳　男性　会社員）

例えば「何かひとつでも身になる話、情報、ネタを仕入れる」「飲み会ではなく情報収集の場である」と、視点を変えてみませんか。一見つまらない場でも、捉え方によっては有益な場に変えることもできますし、あなた自身の人脈をつくる場にもなることでしょう。

考え方、捉え方を柔軟に変える力を身につけることも大切ですよ。

石川

## ウサ 7

**私の勤めているお店に、
人の悪口ばかり言うお客様がいます。
やんわりと
悪口を言わないように
伝える方法ありませんか？**

（24歳　女性　販売）

悪口を言う人は、悪口で盛り上がること自体が楽しい人なので、それを責めても悪口は止まらないと思います。

ですから、その人が貶《けな》している相手のことを「こんないいところがあるじゃない」「こう思えばよく見えるよね」と言って褒めましょう。

そうすると、その人にとっては不本意なことなので、悪口を言わなくなると思います。

悟東

悪口は、巡り巡って自分に跳ね返ってくると思うと怖くて言えないですよね

リストラされ、この不景気の中、すぐに再就職先が見つかるはずもなく、この先どうしたらいいかわかりません。
**生きている価値がないと言われたようで苦しいです**（42歳　男性　元会社員）

## すべてはひとり一宇宙
## 風向きを変えるのは自分自身

私は会社勤めの経験がなく、どのようにお答えしてよいか戸惑いますけれど、身の上に起こったことを嘆いても時間を巻き戻すことは不可能です。今を受け入れることができなければ、次に進むことはできません。

実は、我々※法相宗《ほっそうしゅう》の僧侶には、人生の進退を問われることが一生に一度だけあります。それは平安時代から続く「※慈恩会《じおんね》・竪《りゅう》義《ぎ》」という口頭試問です。竪者《りっしゃ》（受験者）は、およそ二時間の※論義を暗記して試験に挑みます。しかもただ暗記するだけではなく、難題を突きつけられ、進退窮《きわ》まって、声を震わせながら答弁した様子も抑揚をつけて再現します（俗に泣き節という）。昔はこの試験に失敗すると寺を去る決まりでした。私も数年前に挑みましたが、先人の残した論義を読むと必死の念が心に沁《し》み込み、生きている時間の濃度をとても濃く感じることができました。

　ただ「生きている価値」は他者が判断できるものではありません。「生きている価値がないと言われたよう」と感じるのは、あなた自身がつくりだした世界の中で、自ら価値を下げているにすぎないのです。ひとりにひとつの宇宙（世界）があると思ってはどうですか。それなら、あなた自身の価値の上げ下げは、あなたにしかできません。

　現状を打破する風を起こすためには、まず自分が動かなければなりません。風向きを変えることができるのは、他の誰でもなく、あなた自身なのです。

※法相宗（ほっそうしゅう）…中国唐代に成立した学派。宗祖は玄奘三蔵の弟子である慈恩大師。
※慈恩会（じおんね）……法相宗祖である慈恩大師の祥月命日に、その遺徳をたたえる法要を執り行う。
※論義……問答によって経論の意味を明らかにすること。

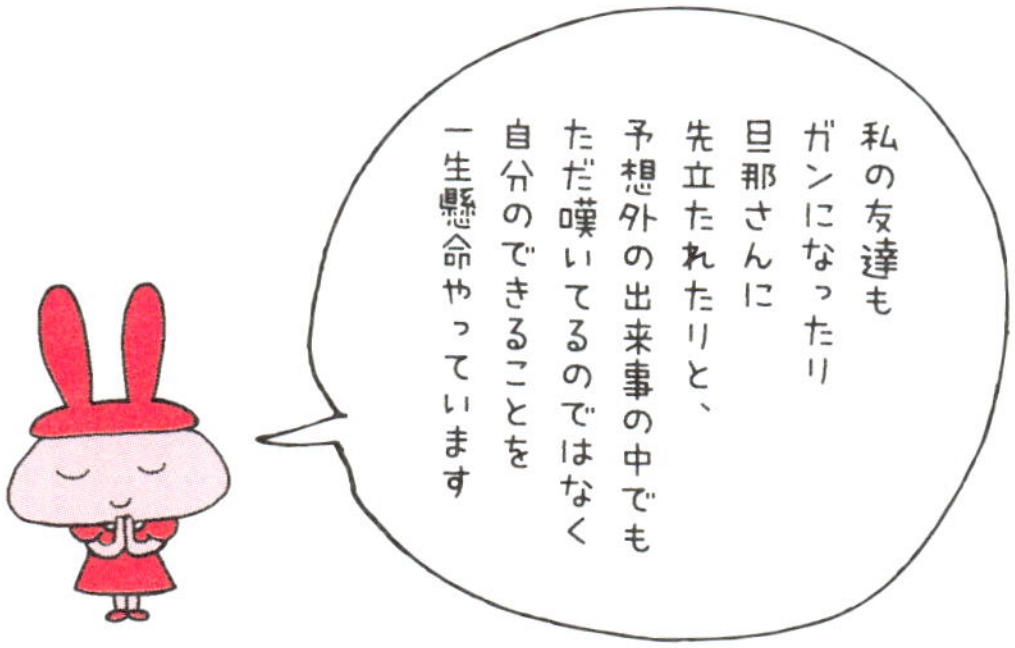
私の友達も
ガンになったり
旦那さんに
先立たれたりと、
予想外の出来事の中でも
ただ嘆いてるのではなく
自分のできることを
一生懸命やっています

ウサ 9

**好きなことを仕事にしたいのですが、周りから考えが甘いと言われます。最初からうまくいくとは思っていませんが、やはりむずかしいのでしょうか。**
(20代　女性　会社員)

# 本当にやりたいことは悩む前に始めているはず

悟東

好きだからやりたいという気持ちがある半面、むずかしいから無理だと尻込みする気持ちもあるようですね。

でも本当に好きという気持ちが大きければ、困難に打ち勝てるものです。むずかしくてもそれを楽しくやり遂げられるのが好きな仕事。最初から「むずかしいからどうだろう」と迷っている時点で、やめておいたほうが無難かもしれません。

私も「なぜ、大変そうなお坊さんになろうと思ったの？」と聞かれますが、「生きるとは何か、命とは何か」をわかりたくて勉強していくうちに、坊主になっていました。本当にやりたいことならば、悩む前に始めていると思います。

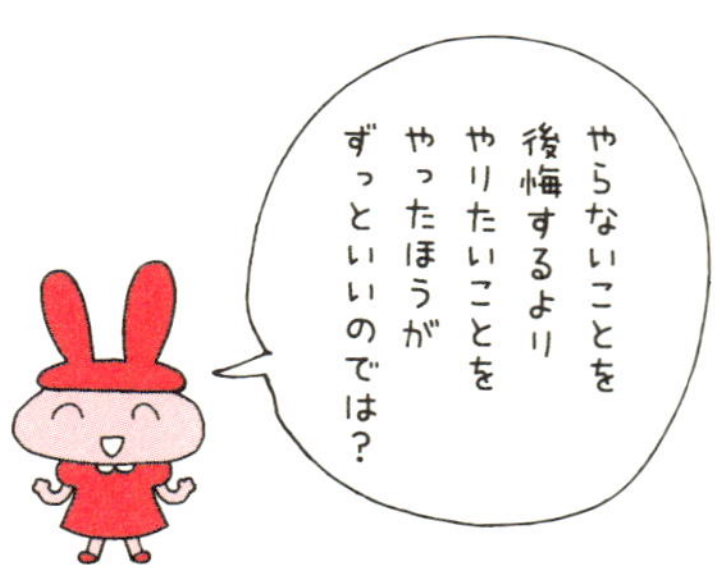
やらないことを
後悔するより
やりたいことを
やったほうが
ずっといいのでは？

ウサ 10

## 私より明らかに能力の低い同僚が、上司に気に入られているという理由だけで評価されていてイライラしてしまいます。

（35歳　女性　総務）

# 「他」への執着から離れ「自」を磨く

あなたは、その同僚に対して非常に執着しておられるように感じます。同時に、相手の「できない部分」を探してご自身と比較され、評価をされているようにお見受けいたしました。

他人と自分とを比較してしまいますと、他人に勝る方法や手段、行動を考えることになってしまいがちです。さらに言動がとげとげしくなってしまい、他人から嫌厭《けんえん》されることになりかねません。結果、自分自身のよささえも消えてしまいます。

ここはひとつ修行だと思って、同僚への執着から離れる「離《り》※」ということを実践されてはいかがでしょう。

お釈迦様は「離」について「犀《さい》※の角のように独り歩め」とおっしゃっています。ご自身がやるべきことに集中することで執着から離れることができ、人を許す余裕が生まれますよ。

※離（り）…煩悩を断じるために、執着から「離れる」実践のこと。「捨」とも。

※犀の角（さいのつの）…仏教における最も有名な喩え話のひとつ。「執着を離れるため、犀の角のように孤独に己のみを信じて、修行に励め」という仏教修行者のあるべき姿を説いたお釈迦様の教え。

ウサ 11

## 妊娠中で働いていますが、体調のこともあって、周りからは使えない社員として扱われ、働きづらいです……。

（32歳　女性　事務）

倉本

## 人目を気にしてストレスを溜めている場合ではない

第一に、人の目なんてものは実体がないので気にしないことです。実体がないことを般若心経で「空《※くう》」といいます。

新しい命を誕生させるわけですから、本来は仕事で悩んでいる場合ではありません。職場でストレスが溜まるのなら、母体のためにも働かないほうがいいと思います。

お金の問題で産休ギリギリまで働かざるを得ないのなら、人の目を気にしないようにすることです。「周りから使えない社員と思われている」と自分で思い込んでいるだけだということもあります。

今ある状態がずっと続くわけではありませんから、無理に耐えず、気にしないことです。

妊娠中よりも
お子さんが
生まれてからが
大変だと思います

※空（くう）…大乗仏教における根本思想のひとつ。この世のすべての物事は実体性がないと説く。

ウサ 12

**就職活動で書類選考までは行くのですが、面接であがってしまい、うまくしゃべれません。緊張しない方法があれば教えてください。**（21歳　女性　大学生）

## 完璧にはいかないと思ってどっしり構える

緊張するということは、思い描いた理想が高いのに対して、現実の場数が足りていないのでしょう。

「三割※バッターの法則」というものがあります。例えば、講演を聞きにいっても、しっかり把握できるのは大体三割くらいなんです。イチローですら打率三割であんなに苦労しているわけですから、一般人で三割いっていたら大したもの。

面接に向けていろいろと考えていっても、実際に相手に伝わるのは、その中の三割くらいだと思ってください。

なので「ひとつもミスっちゃだめだ」なんて思わなくていいんです。

※三割バッターの法則…プロ野球において三割バッターは一流とされる。日常生活でも物事をきちんと理解できるのは三割程度であり、それで上出来という考え方。

ウサ 13

**職場で悪口を言われています。最初は特に気にはしていませんでしたが、最近、仲のいい同僚もその輪に加わっていることを知ってとてもショックです。**
（34歳　女性　契約社員）

辻

## ありのままを正しく見ればプラスに転じるきっかけに

ショックとのことですが、事実を知れたことで、偽りの関係を続ける必要がなくなった。そう考えてみてはどうです？ ありのままを正しく見ることができれば、プラスに転じるきっかけになります。

実は仏教の出発点は、悲観的な思考から始まっています。なぜ人は老い、病み、やがて死ぬのか……と。お釈迦様は、この誰もが苦悩することからの解放を求めて出家され、厳しい修行を積んだのちに悟りを開かれました。

負を受け入れることができれば、そこから正しい考えや判断を導き出すことができます。この先は滞りなくよい方向に進んでいきますよ。

一度
その輪から
離れてみると
新しい関係が
見つかるかも

ウサ 14

**職場にいじめがあります。最近かなり陰湿になってきているのですが、自分が標的になるのが怖くて何もできずにいます。そんな自分も嫌になります。**

（27歳　女性　事務　契約社員）

## 見て見ぬふりをすることで自分自身を苦しめている

悟東


「怖くて何もできない自分が嫌になってしまう」ということは、あなたは自分の気持ちを偽って、自分に対する強烈ないじめを行っているということです。まず、自分の心はどうしたいのかをつきつめて考えてみるといいと思います。

いじめられている人をかばったり上司に報告したとしても、自分に危害が及ぶとは限りません。しかし、自分を偽り何もせずにいるせいで、あなたは自分の心に自分で危害を加えています。例えるなら、重くて鋭い矢や銛《もり》を自分の胸に突き立てているようなものです。

自分がどうしたいのかをよく考えて、上司に報告するなどの行動を起こすべきだと思います。

ひとりで悶々と悩むよりもカウンセラーや他の人に話を聞いてもらうといいと思います

ウサ 15

**同期入社で同じチームに性格的に合わない奴がいます。常にギスギスしていて仕事に行くのも憂うつです。何か打開策はないでしょうか？**（28歳　男性　広告代理店　営業）

石川

## 相手に歩み寄る勇気は自身を成長させる

仏教でいう「※怨憎会苦《おんぞうえく》」ではないでしょうか。互いに頼ることができないので、ともにいて苦しむことになります。

こういったときの打開策は、あちらから歩み寄ってくるのを待つか、こちらから歩み寄るしかありませんよね。仏教では「譲る」ことも※布施《ふせ》のひとつです。相手に譲るということを実践されてはいかがでしょう。

「お先にどうぞ」と道を譲ってあげたり、相手が自分と同じ意見を述べたときに支持してあげたり。勇気のいることですが、大勇猛心を出すことで人は変われます。

ここは自身を成長させるチャンスと捉え、実行されてはいかがでしょうか。

ひとつでも
相手の
いいところを
探してみては？

※怨憎会苦（おんぞうえく）…仏教で、人間のありとあらゆる苦を意味する、「四苦八苦」（詳しくはP046参照）という語のひとつ。恨み憎む人と会う苦しみのこと。

※布施（ふせ）…仏教の主な実践のひとつ。他人に財物などを施し、相手の利益になることをする修行。

ウサ 16

**職場で孤立しています。はっきりと意見を言うことが煙たがられているのかもしれませんが、妥協して仕事をしたくはないです。**

（28歳　女性　企画室）

## 正しい言葉で語れば思いは伝わる

孤立するのは嫌だけど、妥協して仕事をしたくないのであれば、それを周囲にはっきり言うべきです。ただ、言葉は選んだほうがよいでしょう。

お釈迦様の教えに※八正道《はっしょうどう》というものがあります。その中に真実である正しい言葉を使う「※正語《しょうご》」があります。正語は心を清らかにしないと出てこない言葉です。

心を清らかにするとは、自分の見方が間違っていないかを確認することです。意見を言うときは、それを意識してみてください。心をまっすぐ正し、心を落ち着かせた状態で発言すれば、相手にあなたの思いが伝わるのではないかと思います。

まずは相手の
いいところを
褒めてから
「でも私はこう思う」
と言ってみては？

※八正道（はっしょうどう）…釈迦様が説いたといわれる修行の項目。正見、正思惟、正語、正業、正命、正精進、正念、正定の八つ。
※正語（しょうご）…八正道のひとつ。嘘を言わず、二枚舌などを使わず、正しい言葉を使うこと。

ウサ 17

## 今の仕事は誰にでもできるため、やりがいを持てません。やりがいってどうやって見つければいいのでしょう。

（22歳　女性　事務　派遣社員）

# 自分の仕事と真摯《しんし》に向き合う

お釈迦様は、「生きとし生けるものはすべて、草木にいたるまで、それぞれの負うべき役割を持ってこの世の中に生まれ出てくるものだ。そこから逃げ出すことは許されない。あってはならないことだ」とおっしゃっています。

今の仕事が、他の人でもやれることだとしても、実際にはあなたがやっていますよね。

仕事にきれいも汚いも尊いも卑しいもなくて、役割をまっとうすることが一番大事なのです。

だから、やりがいを持とうと思うなら、まずは自分の貴重な命を使って今の仕事に真摯に取り組み、集中するべきであって、周りの人と比較する必要はないのです。

小さな目標を立てて達成感を得てはいかがでしょう?

ウサ 18

## 何をするにも、いつも上司の顔色ばかりをうかがってしまいます。失敗をしなくても、どう思われているのか気になって仕方ありません。

（23歳　男性　会社員）

辻


## 誰との結びを大事にしているのでしょうか？

まず「誰に対して仕事をさせていただいているか」ということです。気にするのは上司の顔色じゃないと思います。飲食店なら、お客さんに美味しく食べてもらえることが第一ですよね。

たしかに上司の評価も大事かもしれませんが、「失敗をしなくても、気になる」というところが、上司という存在に縛られすぎているように思えます。人と人の関わり合いを、二本の紐を結びつけることに例えるなら、あなたと上司にいびつな結びができてしまっているわけです。

正しく結んだり解《ほど》いたりすることは、あなたにしかできません。**まずは仕事をする上で、誰との結びつきを大切にするか考えてください。**そうすれば上司の顔色も気にならなくなるでしょう。

自分のできることを
精一杯やれば
人の目は
気にならなく
なるのでは？

ウサ 19

**毎朝、押しつぶされるように電車に乗って通勤しています。会社に着く頃にはヘトヘトです。これだけで会社をやめたいと思うのは、心が弱いのでしょうか。**（26歳　女性　事務　契約社員）

# 苦行に耐えられないのは当たり前

石川

　お釈迦様は、苦行の末に生死の境をさまよっていたとき、村の娘に助けられ一命をとりとめました。その後※菩提樹《ぼだいじゅ》の元で瞑想に入り、※苦行や修行からは何も得ることができないということを実感され、悟りを開いたと言われています。

　お釈迦様のお話に例えれば、「押しつぶされるように電車に乗ること」は苦行です。間違った修行法である苦行を続けることに耐えられなくなっておられるのでしょう。

　あなたは、得るものがない苦行に対して悩まれているのであって、決して心が弱いわけではありません。

早起きして、
空いてる時間帯に
電車に乗って
みるのも手です

※菩提樹（ぼだいじゅ）…お釈迦様が悟りを開いた場所。今でも仏教徒の間で聖地とされている。

※苦行…身体を極限状態に追い込んで精神力を高める修行法で、仏教では誤りとされる。

ウサ 20

**今の会社がつらいです。できればやめたいのですが、やめると次の仕事が見つかるか心配で、決心がつきません。**（29歳　女性　代理店）

倉本

## 「つらい」という主観を一旦離れ現状を客観的に見る

仏教の中で私が一番大事だと思っている教えが、正しく見ると書いて「正見《しょうけん》」※です。ありのままを見ることです。その仕事内容が非常につらいのか？　肉体的につらいのか？　客観的に、正しくありのままを見てください。

自分がつらいと思うのは、もしかしたら自分勝手な思い込みかもしれません。正しく見た結果、つらい理由が自分勝手ではないと思うならやめればいいと思います。

次の仕事が見つかるかどうかという不安もあると思いますが、正しく見て自分で決めたのなら、その心のまま、自然に行動すればいいと思いますよ。

無理しすぎて
体を壊して
しまっては
元も子も
ないですよ

※正見（しょうけん）…八正道のひとつ。真理を正しく認識すること。

ウサ 21

## 年の離れた上司と話が合いません。考え方や仕事へのスタンスがあまりにも違いすぎて、一緒にいるのも苦痛です。

（26歳　男性　会社員）

# ジェネレーションギャップは異文化交流だと思う

村上

上司を批判するにしても、その話の内容を知る必要があるわけなので、まず相手の話を聞く姿勢を持つことが大前提です。人生の先輩の話は、自分が上司の立場になったときなど、今後の様々な決断する場面において大切な判断材料にもなります。

その上でどうしてもジェネレーションギャップが埋められず、苦痛な場合は、相手を海外の方だと思えばいいのです。海外の方が箸の使い方がわからなくても、文化が違うので、それに対して苛立ったり嫌な思いをすることってあまりありませんよね。

だからいっそのこと、上司を海外の方だと思って、その異文化を吸収すればいいのです。

苦痛だという
先入観を捨てて
話を聞くと
新しい発見が
あるかも

ウサ 22

## すぐに仕事に飽きてしまい半年から一年くらいの期間で転職ばかりしています。ひとつのことに取り組める人が羨ましいです。

（30代　女性　派遣社員）

辻

# 人生という渦の真ん中に着くまで動き続けるのもよい

転職をくり返すということですが、「これだ！」というものが見つかっていないのでしょう。

心の中に渦を思い画いてください。その中心がゴールだとします。ぐるぐると真ん中のゴールに向かって歩き続ければ、必ず中心にたどり着きます。しかし真ん中にたどり着くまでのスピードは、皆それぞれ違います。早い人もいれば、ゆっくりの人もいます。日々、何気なく過ごしているうちに、いつのまにか渦の真ん中に着くこともあるかもしれません。

拙僧はずっとお寺にいるわけで、そうすると、どうしても思考が凝り固まり、新しいことに鈍感になってしまいます。たくさんのことを見聞《けんぶん》できるあなたを少し羨ましく思いますよ。

今は自分に合うことを見つけている旅の途中だと思い、渦の真ん中に着くまでいろいろと経験を積みながら、歩み続ければよいのではないでしょうか。

このご時世
転職し続けられる
というだけで
すごいです

23

ウサ

仕事で自分に自信を持ったことがありません。人に怯える態度が周りにもわかるようで、年下からもバカにされます。どうすれば自信を持てますか？（37歳　男性　会社員）

# 腹をくくればおのずと自信はついてくる

自信が持てないというのは、本気でその仕事を大事だと思っていないからです。

薬師寺管主の※高田《たかだ》好胤《こういん》という方は、国の補助や企業の寄付ではなくて、皆さんにお写経をしてもらったときの納経料だけでお堂や塔を建てました。

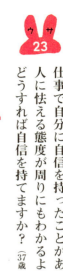

でも、最初このお写経は全然流行らなかったんです。それでも信念を曲げず続けました。なぜ続けられたのかというと、好胤さんのお師匠さんの言葉が影響していたそうです。

戦後すぐの食料不足の時期に好胤さんは、お師匠さんに「学校の先生をしてお給料をもらってきたら、皆食べられるようになる」と相談をしました。するとお師匠さんは、「そんなことはしなくていい。お坊さんはお坊さんらしくしていればいいんだ。信念に基づいて、仏様へのお仕え、仏様に対してすべきことだけをしていればいい。それで世間が食べさせてくれなくて死ぬようなことがあれば、そのときは世間様に罰が当たるから、胸を張って死になさい」と言ったそうなんです。

　これはすごくエネルギーになる言葉ですよね。

　今一度、あなたが本当に大事にしていることは何なのか確かめてみてください。その上で、「自分がこれだけは絶対にしなきゃいけない」と思っていることに対して自信が持てないなら、その仕事はやめたほうがいい。

　**だって本当に大事なものであれば、自信を持つ、持たないではなく必死になるでしょう？**

　そしてもしあなたが本当に大事にしていることを侮辱されるようなことがあれば、そのときは歯向かいなさい。そうすれば、まず覚悟ができ、自信に繋がりますよ。

※高田好胤（たかだこういん）…（1924年3月30－1998年6月22日）薬師寺管主と法相宗管長を務めた。百万巻写経勧進の逸話で知られる。わかりやすい法話で親しまれ、数々の著作を残した。

「これ以上バカにされることはない」と思いきって行動すれば周りの反応が変わるかも

お坊さん自身のことを聞いてみた！
村上定運さん
ご自身で悩むことはありますか？
もちろんあります
私は寺の子に生まれ
父も祖父も
お坊さんなんですが…
祖父 お坊さん
父 お坊さん
私 お坊さん
大きなお寺ということもあり
お坊さんになることを期待されながら
育ちました
ズッシリ
期待
期待
期待
期待
期待
期待
周りからの無言の
圧力を感じました
たしかに
プレッシャー
ですね

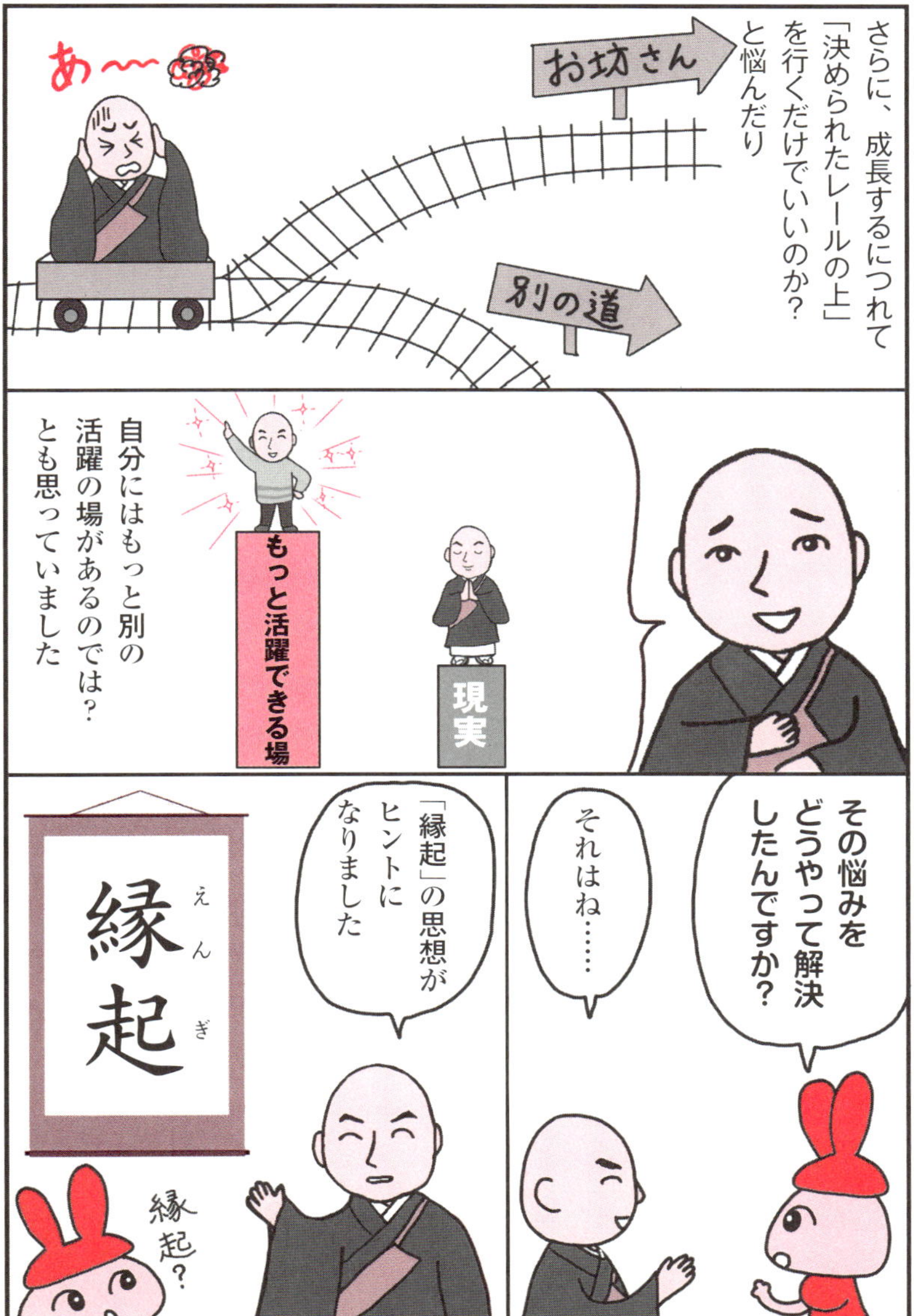
さらに、成長するにつれて
「決められたレールの上」を行くだけでいいのか？と悩んだり
お坊さん
別の道
あ〜〜
自分にはもっと別の活躍の場があるのでは？とも思っていました
もっと活躍できる場
現実
その悩みをどうやって解決したんですか？
それはね……
「縁起」の思想がヒントになりました
縁起《えんぎ》
縁起？

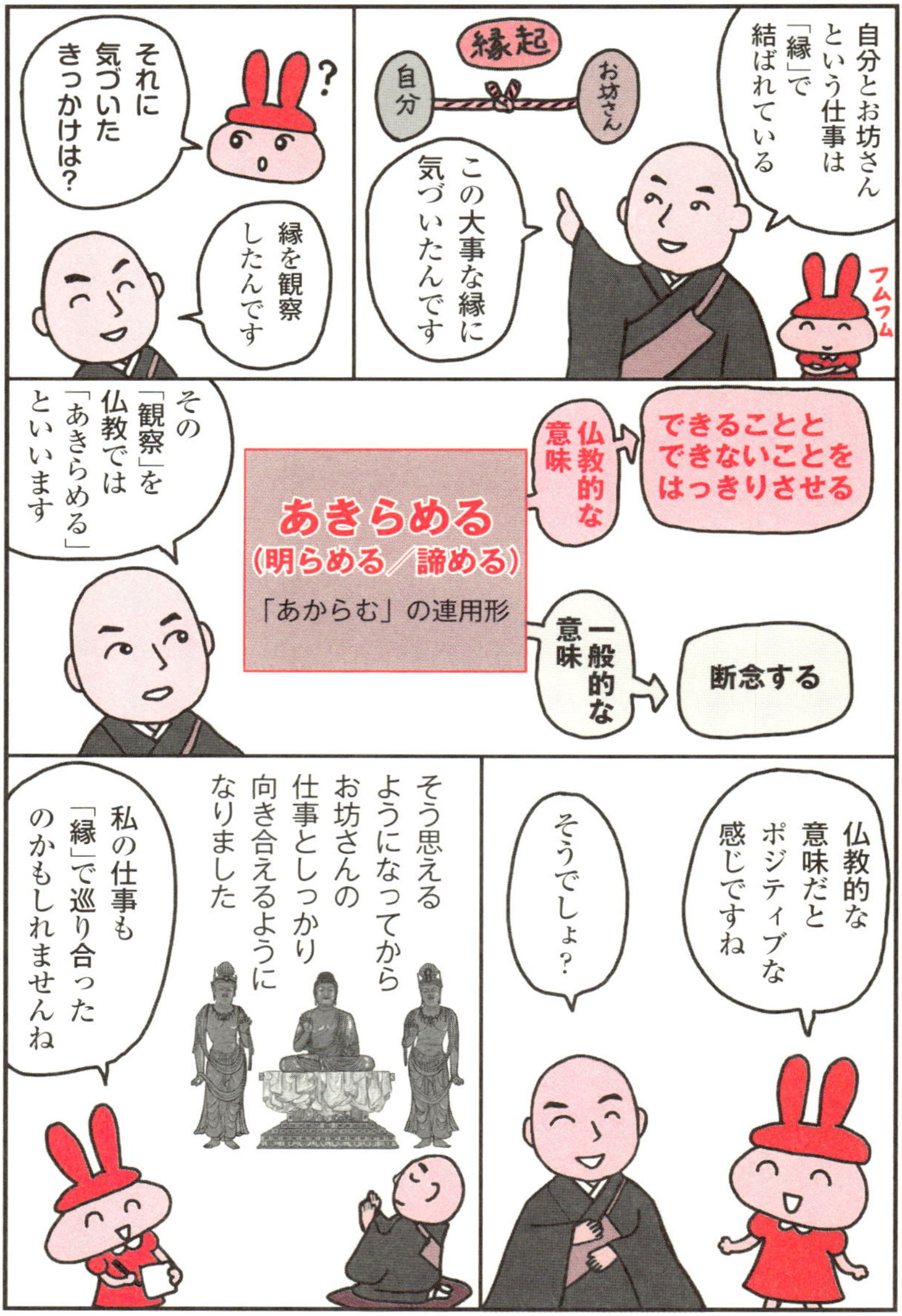
自分とお坊さんという仕事は「縁」で結ばれている
縁起
自分
お坊さん
この大事な縁に気づいたんです
フムフム
それに気づいたきっかけは？
？
縁を観察したんです
その「観察」を仏教では「あきらめる」といいます
あきらめる
（明らめる／諦める）
「あからむ」の連用形
仏教的な意味
できることとできないことをはっきりさせる
一般的な意味
断念する
仏教的な意味だとポジティブな感じですね
そうでしょ？
そう思えるようになってからお坊さんの仕事としっかり向き合えるようになりました
私の仕事も「縁」で巡り合ったのかもしれませんね

第二章

# 恋愛・結婚のウサ

愛されたい！結婚したい！

人生を左右する恋愛・

結婚のウサを解決しよう

ウサ 24

**夫が浮気性で、何度話し合いを重ねても再発します。彼が好きなので、なんとかやり直したいですが子供もいないし、別れたほうがいいのでしょうか。**（40歳　女性　事務　契約社員）

悟東

## あなたの一途な愛が届く日がくるかも

もし浮気相手に子供ができて、旦那さんから「離婚してくれ」と言われたら、そのときあなたはどうしますか？　その可能性も加味した上で旦那さんを好きかどうか考えてみてください。

ただ、先のことを考えずに今のことだけを考えるのであれば、好きなら好きでいいと思います。とことん愛してみてはいかがでしょうか。

将来どうやって生活していくかという不安もあるかと思いますが、ずっと好きでいればいつか旦那さんにその気持ちが伝わって、浮気をやめてくれるかもしれません。

あなたほど浮気を許してくれる奥さんは他にいませんから。

困った関係なのに
やめられない
「共依存」かもしれませんね
どんなひどいことをされても
相手を許す自分が
好きなのかもしれません

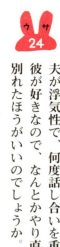

ウサ 25

**親友から恋愛相談されているうちに、自分も彼を好きなのだと気づきました。友人を傷つけたくはないですが、諦められません。**

（28歳　女性　広報　会社員）

# 「好き」という友人の感情に感化されていませんか

石川

あなたは友人から彼のことを聞かされているうち、彼のことを意識するようになられて、「意識する気持ち」＝「好きだという気持ち」と捉えておられるのではないかと思います。

特定の人物のことを聞かされていると、知らず知らずのうちに相手に意識が向いてしまいますから無理もありません。

彼との直接の関係や行動の中で「好きなのだ」と思ったのなら、本当の気持ちなのでしょう。しかし、友人というフィルターを通して生まれた気持ちは、果たして本当の気持ちなのでしょうか。

後悔のないよう冷静になり、もう一度よくお考えになられてはいかがでしょうか。

本当に親友だと思っているなら横恋慕はしないと思いますよ

ウサ 26

**周りの友人が次々と結婚していって、焦っています。結婚相談所などに登録して、相手を探そうかと思い始めました。でも焦って結婚するのも……とモヤモヤしています。**
（34歳　女性　事務）

## 周りの価値観ではなく自分の価値観に当てはめて

村上


自分にはっきりとした意志がないと何をしても意味がありません。一方で心から思っていることは、行動に移すときにすごい威力を持つものです。

「いのる」という言葉は「意識の意が魂に乗るんだ」と先輩から教えてもらいました。本当に心が乗っていると、具体的に何をしたいということがおのずとわかるものです。イヤイヤやっている勉強が身につかないのと一緒で、周りに流されてやっているうちは、自分が満足するような結果は出せないものです。

周りが結婚するかどうかよりも、まず本当に自分に必要かどうかが論点です。自分の生活や人生、年齢を考えて判断することが大事だと思います。

結婚は
必要にせまられて
するのではなく
「したいから」
するものだと
思います

ウサ 27

**子供ができないことがわかり、夫婦で養子をもらうことを考えています。ただ、血の繋がらない子供を一生愛せるか不安です。**

（38歳　男性　自営業）

倉本


## 小さなことを気にしていては「人の親」になれません

実践していないのに悩みすぎです。例えば、海外では人種を超えて養子縁組します。肌の色が違っても気にしないからです。

一方、日本人は血にこだわりすぎだと思います。仏教に「偏らず気にしないで生きなさい」という教えがあります。気にせずに生きていくほうが、執着から離れ正しく生きていけます。

兄弟でも、性格や行動は違いますよね。持って生まれたものかもしれないけれど、やはり親の目のかけ方によって微妙に違うのだと思います。

「不安です」なんて言っているようじゃ親にはなれません。

責任を持つという覚悟さえあれば、一生愛せると思いますよ。

「愛せるか」
ではなく
「愛する」という
気持ちが大切です

28

**妻に「私の話を全然聞いてくれない」といつも怒られます。興味がない内容ばかりなので、ついつい聞き流してしまいます。**
（43歳　男性　法務）

## 人の話を聞くことは大切なコミュニケーションのひとつ

人の話を聞くことは、とても肝要なことです。なぜなら対話は、人間関係を円満にするコミュニケーションのひとつだからです。

お釈迦様は、教えを聞く人の素質に合わせて説法をしました。これを※対機説法《たいきせっぽう》といいます。心根は皆異なりますので、お釈迦様はこの人ならこういう話がよいと、相手に合わせて法を説かれたのです。

ここで言いたいのはその逆です。興味がないから聞き流してしまうのではなく、興味を持てるように工夫をしてはどうでしょうか。ここはご主人が奥様に合わせるしかない……。奥様はお釈迦様ではありませんけれど、カミさんなんですから（合掌）

女性の多くは
共感されるのを
望んでいるので
「こうしたほうが
よかったのに」など
否定的なことは言わない
ほうがいいですよ

※対機説法（たいきせっぽう）…お釈迦様の説法を言い表した言葉。相手の能力や性質によって、それに適した手段を用いる説法のこと。

ウサ 29

**16歳の娘がいるシングルマザーです。恋愛をしたいのですが、娘が思春期なので、イマイチ踏み切れません。**

（37歳　女性　クリエイティブ　会社員）

娘さんの性格にもよりますが、あなたは娘さんがどうしたら傷つくかがわかっているから、このような質問をされているのだと思います。ですから、娘さんを気遣いながら、恋愛をされたらいいと思います。

娘さんには、恋愛していることをちょっとずつ小出しにして、変にべったりと恋バナをしないとか。大人としての配慮を忘れずに接することが大事です。

悟東

ウサ 30

**異性と体の関係を持ったことがありません。いい大人なのに経験がないなんて恥ずかしくて友人にも言えません。一生このままかもしれないと悩んでいます。**

（26歳　男性　エンジニア）

一生このままであるデメリットって何でしょう？　別に友人に言う必要もないでしょうし、周りにつられることではないと思います。

性体験がないということが恥ずかしいと思わせる世の中の風潮は気にせず、自身を大事にしたらいいのではないでしょうか。

年を取ってから運転免許を取得する方がいるように、必要に迫られて自分の身につけていくものだから、特に焦る必要はないと思います。

村上

いつか大切な人ができるまで自然の流れに任せればいいと思います

ウサ
31

**彼は親と同じ年代でバツイチ。私と同じくらいの娘さんがいます。私は子供が欲しいのですが、彼はもういらないと言っています。彼のことをあきらめたほうがいいですか？**（24歳　女性　派遣社員）

## 将来、子供がいないことに後悔しないか考えましょう

※四苦八苦《しくはっく》の中の「※求不得苦《ぐふとくく》」は「求めているものが得られないことから生じる苦しみ」です。この苦のごとく、あなたは子供を求めているにも関わらず、彼の都合から子供を授かることが許されない状態のようですね。

お若いうちは「好き」という気持ちだけで過ごしていけます。しかし、年齢を重ねるにつれて「人生と生活」という現実が日に日に大きくなっていきます。将来あなたと同じ年くらいの女性が、夫と子供と三人で幸せそうに過ごしている姿を目にしたとき、あなたは子供を得なかったことを後悔しないでしょうか。彼の一方的な都合でコントロールされた人生の結果に対し、納得できるのでしょうか。

私は、あなたの「子供が欲しい」という意思に共感してくださる方と一緒になられたほうが、きっと幸せになれると思います。

※四苦八苦（しくはっく）…人間のすべての苦を意味する語。生、老、病、死の四苦に、愛別離苦、怨憎会苦、求不得苦、五蘊盛苦の四つを加えた八つが八苦。
※求不得苦（ぐふとくく）…四苦八苦のひとつ。求めるものが得られない苦。

ウサ 32

**男性の前だといつも固まってしまいます。このまま一生恋愛できないかも……と不安になります。リラックスする方法はありませんか？**（20歳　女性　大学生）

## 「無」になる状態をつくる

倉本

我々僧侶は、仏像に向かって拝むとき「無」の状態にあります。何も考えず、すべてを仏様の前にさらけ出しているときに脳がリラックスし、活発に動くことから、お釈迦様は「無になれ」と言われました。

まずは、朝起きたら太陽に向かって、一分でも二分でもいいのでリラックスする時間をつくってみてはどうでしょう。

また、夢中になると脳はリラックス時と同じ状態になるそうなので、何かに一生懸命に打ち込むことも有効です。

それから、男性の前で必要以上に自分をよく見せようと思わないことです。いろいろと試してみてくださいね。

男性を意識しすぎなんですよね……まずは友達から始めてみませんか？

ウサ 33

**恋愛をしたいと思っていますが、フラれるのが怖くて踏み出せません。好きな人はいましたが、想いを伝えられずに片思いばかりしています。どうしたら、怖くなくなりますか。**
（20歳　男性　大学生）

## チャレンジして、失敗して、強くなっていく

「フラれるのが怖い」そりゃそうです。誰しも怖いですよ。すべての人に、相手にＯＫされる確率とフラれる確率は、五分五分なのですから。

　仏教の基本の理念は、自分から動き出して乗り越えるということなんです。超越的な力が降り注いできて、うまくいくみたいな教えではありません。自らアクションを起こし、心の中にある苦境を打破する。その克服するための力というのは、あり得ないものを信じて、可能性を絶対に忘れず捨てないということです。

　世の中に一度も失敗したことのない人はいません。これからの人生、もっといっぱいチャレンジしていかなきゃいけないんです。それなのに恋愛に関して、フラれるのが怖いからといつまでも敬遠したままでどうするんですか。

　どんどんチャレンジして、失敗して、強くなっていって欲しいと思います。

ウサ 34

## 結婚生活が退屈です。恋愛結婚でしたが、最近は一緒に出かける機会も減り、日常会話もほとんどありません。夫への気持ちに変わりはないですが、刺激が欲しいです。（30代　女性　主婦）

# 日々の些細な変化を積み重ねてその変化を見極める

仏教は「※諸行《しょぎょう》無常《むじょう》」を説きます。あらゆるものは時間の推移とともに、変わってゆかざるをえないのです。

「気持ちに変わりはない」と言いますが、そもそも何ごとも永遠に続くということは一切ありません。その気持ちさえも例外ではないのです。

一分、一時間、一日、微細な変化の集積が一年になります。一日一日を振り返って、仮に毎日が単調に思えても、同じ日はないのです。穏やかな海でも風が吹けば小さなウネリが起こり、それが重なり、やがて大きな波へと変化します。**日々の些細なことを敏感に意識してみてください。**いつしか大きな刺激を得ることができるはずです。

※諸行無常（しょぎょうむじょう）…この世のすべての存在（諸行）は常に変化しており、恒常的なものはない（無常）という教え。

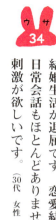

ウサ
35

**おつき合いしている方に奥さんがいます。相手の家庭を壊すつもりはありません。好きになった人がたまたま既婚者だというだけで、そんなにいけないことなのでしょうか？**
（30代　女性　会社員）

悟東

## 不倫は盗みと同じ 正当化されることはない

基本的に恋愛は自由だと思うのですが……。別の話に置き換えて考えてみてください。

ひとつのお皿をひとつの夫婦だと仮定します。不倫とは、人のお皿に乗っているまんじゅうが食べたいと言っている状況と同じです。**食べたいからといって、人のお皿に乗っているものを無断で食べますか？「ちょうだい」と言いませんか？それで「どうぞ」と言われたら食べる。**でも不倫は「どうぞ」とは言われない。だから人のものを取ってこっそり食べることになるのです。

好きなものを食べるのは自由ですが、人のお皿からは取ってはいけないと思います。

余談ですが
江戸時代だと
妻が不義密通したら
死罪でした
現代では考えられない
ことですね

ウサ 36

**親に「結婚しないのは、人間として未熟だ」と言われました。このまま一生結婚しないこともあり得ます。人として不良品だという烙印を押されたようでつらいです。**

（43歳　男性　営業）

## 結婚は人生の一部であって すべてではありません

石川

現代でも結婚していなかったり、家庭を持っていないと一人前でないという考え方が根強くあるようですね。

社会の形態や価値観も変わり、人それぞれの生き方も変わりつつありますが、それに対して理解を得られないケースも多々ございます。

結婚していなくても、しっかりと社会生活を営んでいるのであれば、決して未熟ではございません。何より「結婚は人生の一部であって、すべてではない」と私は思いますし、部分から全体を否定すると、すべてにおいて悲観的になってしまいます。

あなたは、あなたらしい生き方で人生を歩んでください。

人生は人それぞれ
世間と同じである
必要はないと
思います

ウサ 37

**不妊治療を始めて二年ほど経ちますが、子供ができません。貯金も底をつき、どうしたらいいかわかりません。夫は諦めてもいいと言ってくれますが、子供がいない人生は考えられません。**

（38歳　女性　コンピュータ関係）

倉本

## 奇跡は、脳がリラックスしているときに起きるもの

「できますように」と祈念すると心がまっすぐになるので、脳がリラックスしてパッと子供ができるかもしれません。実はそういう方、結構いるんです。

仏教的な行動をすることで、仏様にお願いしたという安心感が得られ、脳が非常にリラックスするのだと思います。妊娠は本当に奇跡的なこと。特に不妊治療をされていたらなおさらです。奇跡というのは、脳がリラックスしているときに起きるもの。体と心のバランスですね。妊娠を諦めて仕事に復帰したら「できた」という方もいます。ありのままの自分になると、脳が一番リラックスします。願いとは、そういう状態のときに叶うものかもしれません。

子供がいなくても
旦那さんとふたりで
仲良く暮らして
いる方も
たくさんいます

ウサ 38

**家事や育児を手伝わない夫に腹が立ちます。明るい家庭にしたいのに怒ってばかりの自分が嫌いになってしまいそうです。**（32歳　女性　パート）

村上

## やってくれたことに対して感謝の言葉を伝える

女性もお仕事をしている場合、トラブルにならないためには結婚前に家事や子育てのことを話し合っておくべきでしたね。今から相手に手伝ってもらうためには、アプローチの方法を改めるべきだと思います。

例えば、ご主人の出勤前に玄関先にゴミの袋を置いておいて、「いつもありがとう」と張り紙をしておくなど。具体的に行動に移してもらえるようなアプローチをするしかないですね。

そして相手がそれに乗ってきてくれたら、**純粋に感謝の気持ちを相手に伝えることが大事だと思います。**縁あって一緒に生活しているわけですから、互いに感謝し合える関係は、とてもすてきだと思います。

少しずつ
手伝ってもらって
小さなことから
感謝すれば
きっと明るい
家庭になります

## ウサ39

**ひとりで強く生きてる女性を強がっているさみしい女性としか思えません。そう思うのは、私が弱いからでしょうか。**（30代　女性　事務）

人は皆、ひとりで生まれてひとりで死んでいくもの。「※独生《どくしょう》独死《どくし》」です。ひとりで生きている女性が強がっていると思うのは、あなたが弱いからだと思います。強がっていると思わずに、かっこいいと思えるように努力してみてください。

別にシングルを勧めているわけではありませんし、結婚や子供を産むことは素晴らしいことだと思います。けれども自分と異なる人のことを批判するのは、心の弱さの表れです。

## ウサ40

**職場恋愛をしていますが、相手が公表したがりません。つき合う相手として恥ずかしいと思われているのではないかと悩んでいます。**（32歳　女性　総務　会社員）

すべてあなたの推測にすぎないですよね。職場恋愛の場合、公表すると仕事がしづらくなることはあると思います。なので、彼があなたを恥ずかしい相手と思っているという推測は、ちょっと卑屈かもしれません。どうしても気になるのなら、ストレートに相手に聞けば済むことです。変に思い悩むと、思案が増えるのでやめましょう。

悩む前に
お相手に直接
聞いてみるのが
いいと思います

※独生独死（どくしょうどくし）…人はただひとりで生まれ、ただひとりで死んでいくという教え。

ウサ
41

**結婚したら専業主婦になりたいのですが、彼からは働いて欲しいと言われています。家のことに専念して相手をサポートしたいと思うのは、今の時代には合っていないのでしょうか？**（30歳　女性　事務　派遣社員）

辻

## 一方に偏らず、バランスを取って積み上げていく

　彼は働いて欲しいと言っているのだから、家事はふたりでするわけですよね？　それとも、あなたは仕事から帰り、炊事洗濯をひとりでこなすのですか？

　結婚生活は二人三脚です。お互いにバランスを取りながら歩まないと倒れてしまう。いい例に興福寺の五重塔をあげます。塔の真ん中には心柱《しんばしら》が立っているのですが、その柱が塔全体を支えているわけではありません。塔が地震で揺れると、一層目は右、二層目は左へと動くようになっており、これは上と下の層が互い違いに振動していて、塔全体で倒れないようバランスを保つ構造になっているのです。

　夫婦になってからも考えがすれ違うことがあるでしょう。そこで、自分の考えだけを主張し続ければ、バランスを崩してしまうことになります。一方に偏らず右に左にふたりでバランスを取り、支え合う関係を築いてください！

共働きでも、相手のサポートはできると思います

ウサ 42

**二次元の人しか好きになれません。現実の異性よりも、ずっとかっこよくてすてきなので、リアルで恋愛する気も起きません。これっておかしいですか？**（30代　女性　会社員）

## 二次元も三次元も恋愛に変わりはない

悟東

二次元の人が好きというのも恋愛のひとつだと思います。ふつうとはちょっと違った恋愛というだけのこと。もしかして、本当の恋愛だと勘違いしている可能性もあります。

その場合、何かのきっかけでリアルな恋愛に移行したときに、その違いがものすごく新鮮に感じ、いい恋愛ができることだってあるかもしれません。

ただ、二次元の恋愛をおかしいと否定する必要はまったくないので、そのまま突っ走っていいと思います。何より気持ちを中途半端に抑え込むと、どこかで歪みが出る可能性がありますから。

私は一生、二次元でも構わないと思いますよ。

周りからやめろと
言われても
自分が好きだったら
しょうがないと
思います

ウサ 43

**夫から愛されている実感がなく、不安になります。「好き」「愛している」という言葉もないですし、贈り物もされなくなりました。**
（44歳　女性　事務　契約社員）

辻


## 「してやってる」ではなく、「させていただいている」と考える

「好き」「愛している」という言葉がなく、贈り物もされなくなったということですけれども、自分はこんなに相手のことを考えて、いろいろ尽くしているのに……と思ってはいませんか？

　私達は、口には出さなくても、心の片隅では見返りを求めてしまうことがあります。

　しかし、「○○してあげているのに」ではなく、「○○させていただいている」と思うことができるようになれば、不安は小さくなっていくはずです。

　それでも、相手に何かを望むのであれば、ただ待っているのではなく自分が相手を変える工夫をしなければなりません。四六時中一緒にいる相手だからこそ、一手間かける気持ちが大事なのです。

　まずはあなたから旦那さんに贈り物をしてみてはどうですか。

結婚して何年も経てば、お互い空気のような関係になるのがふつうだと思いますよ

ウサ 44

**結婚した直後に夫が突然死してしまいました。**
**もう、どうしていいかわかりません。**
**このままでは、彼の後を追ってしまいそうです……。**

（24歳　女性　主婦）

## ご主人の記憶を語り継げるのはあなただけ

仏教の「四苦八苦《しくはっく》」の中に、愛する者と別離する、「※愛別離《あいべつり》苦《く》」という教えがございますが、まさにこの「苦」のまっただ中におられるのだと思います。私は人が亡くなったときは「けじめ」と「諦め」とが心の中で激しく交錯すると思っております。

死によって、今まで一緒にいた人の実体がなくなります。それにより改めて「死」を実感して、亡くなった人がもう戻ることがないことを思い知ります。実体がなくなり、もう戻らないとわかった時点で「けじめをつける」ことはできると思います。

しかし、あなたの心の中にあるご主人と一緒に過ごした時間や思い出は、元々実体がありませんし、実体のないものは消えることがありませんから、「諦めること」ができません。あなたはご主人が亡くなられたことに対し、「諦めること」ができず、苦しんでおられるのだとお察しいたします。

お仏壇やお位牌は、この世にご主人が生きた証を記録として残すことができますが、記憶として語ることは出来ません。亡くなった方の過ごした時間を語り継ぐことができるのはあなただけなのです。

あなたが生きることで、ご主人がこの世に存在していたことを伝えることができます。

しかし、もしあなたが死んでしまったら、ご主人の生きた記憶を伝えることのできる人がいなくなってしまい、ご主人がこの世から完全に消えてしまうことになります。

供養とは、僧侶が読経をして弔いをすることが本義ではありますが、亡くなった人のことを思い出してあげることも供養になると思います。

どうぞ生きて、ご主人のことを伝えてあげてください。

※愛別離苦（あいべつりく）…四苦八苦のひとつ。愛する者と別れなければいけない苦。

「日日薬《ひにちぐすり》」ですね
時間が経つことが
薬になります
少しでも心が
癒されることを
願っています

ウサ 45

**同性を好きになってしまいました。こんなことは自分でも初めてで、誰にも相談できず戸惑っています。**

（23歳　女性　アルバイト）

# 真の愛に性別は関係ない悩みは仲間と共有

私は、これまで男性同士の恋愛について「僕は間違っていますか？」と相談されることが多く、その都度「好きなら正直に好きでいいんじゃない」と言っています。しかし本人によると、カミングアウトできない場合が大半らしいのです。

社会全体では、「LGBT※」ということを公表している人達はかなりいらっしゃいますから、同じ立場の人達が集まる場所に行き、話してみることが大事かもしれません。同性を好きな方の相談サイトを探してみるのもいいでしょう。

仏教では、恋愛に関してそういう制限は特にありません。「好き」という心に嘘がなければ全然問題ないと思います。

例え少数派でも
同じ考え方の人が
いると思いますし
自分の気持ちに正直で
いいと思います

※LGBT…性的少数者を指し、レスビアン（女性同性愛者）のL、ゲイ（男性同性愛者）のG、バイセクシュアル（両性愛者）のB、トランスジェンダー（心と体の性が不一致）のTの四つの頭文字を取った言葉。

ウサ 46

**前の彼女が忘れられません。別れて一年以上になりますが、今でも好きで、ときどきメールを送るものの、返事は返ってきません。このままではストーカーになってしまいそうで苦しいです。**（28歳　男性　会社員）

辻

## 相手ではなく自分自身に問いかけてみてください

恋愛を自分の都合だけで考えてはあきませんでー!!　なぜなら恋愛は、双方の想いが一致して初めて成就するからです。相手のことを考えず、自分の気持ちだけを一方的に押しつけるのは論外。

前の彼女が忘れられない。まだ好きだからメールを送る。苦しいからストーカーになる。すべて自分本位の考えですよね。

今やらなきゃいけないのは、自己を見直すこと。原因は何か、なぜ別れることになったのかということを、相手にではなく自分自身に問いかけてみてください。冷静に振り返れば次の恋のヒントが見つかると思いますよ。

他に打ち込めるものを見つけられたらいいですね

お坊さん自身のことを聞いてみた！
石川重元さん
さっそくですが、好きな仏教の言葉を教えてください
こちらです これは、明恵《みょうえ》上人《しょうにん》の言葉です
阿留辺畿夜宇和《あるべきようわ》
む、むずかしい……どういう意味なんですか？
「どうあるべきか」という意味です

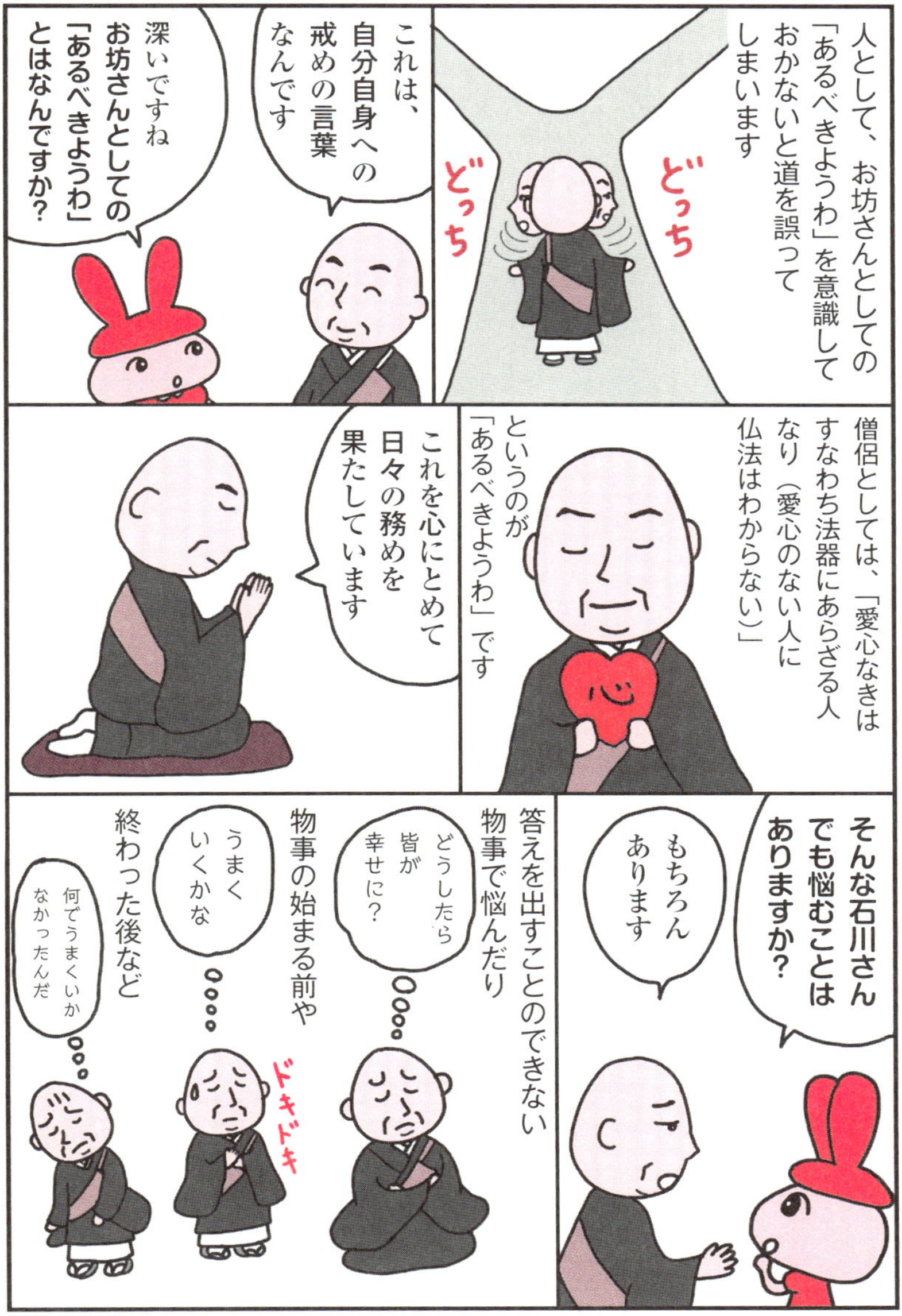
人として、お坊さんとしての「あるべきようわ」を意識しておかないと道を誤ってしまいます
どっち
どっち
これは、自分自身への戒めの言葉なんです
深いですね お坊さんとしての「あるべきようわ」とはなんですか？
僧侶としては、「愛心なきはすなわち法器にあらざる人なり（愛心のない人に仏法はわからない）」というのが「あるべきようわ」です
心
これを心にとめて日々の務めを果たしています
そんな石川さんでも悩むことはありますか？
もちろんあります
答えを出すことのできない物事で悩んだり
どうしたら皆が幸せに？
物事の始まる前や
うまくいくかな
ドキドキ
終わった後など
何でうまくいかなかったんだ

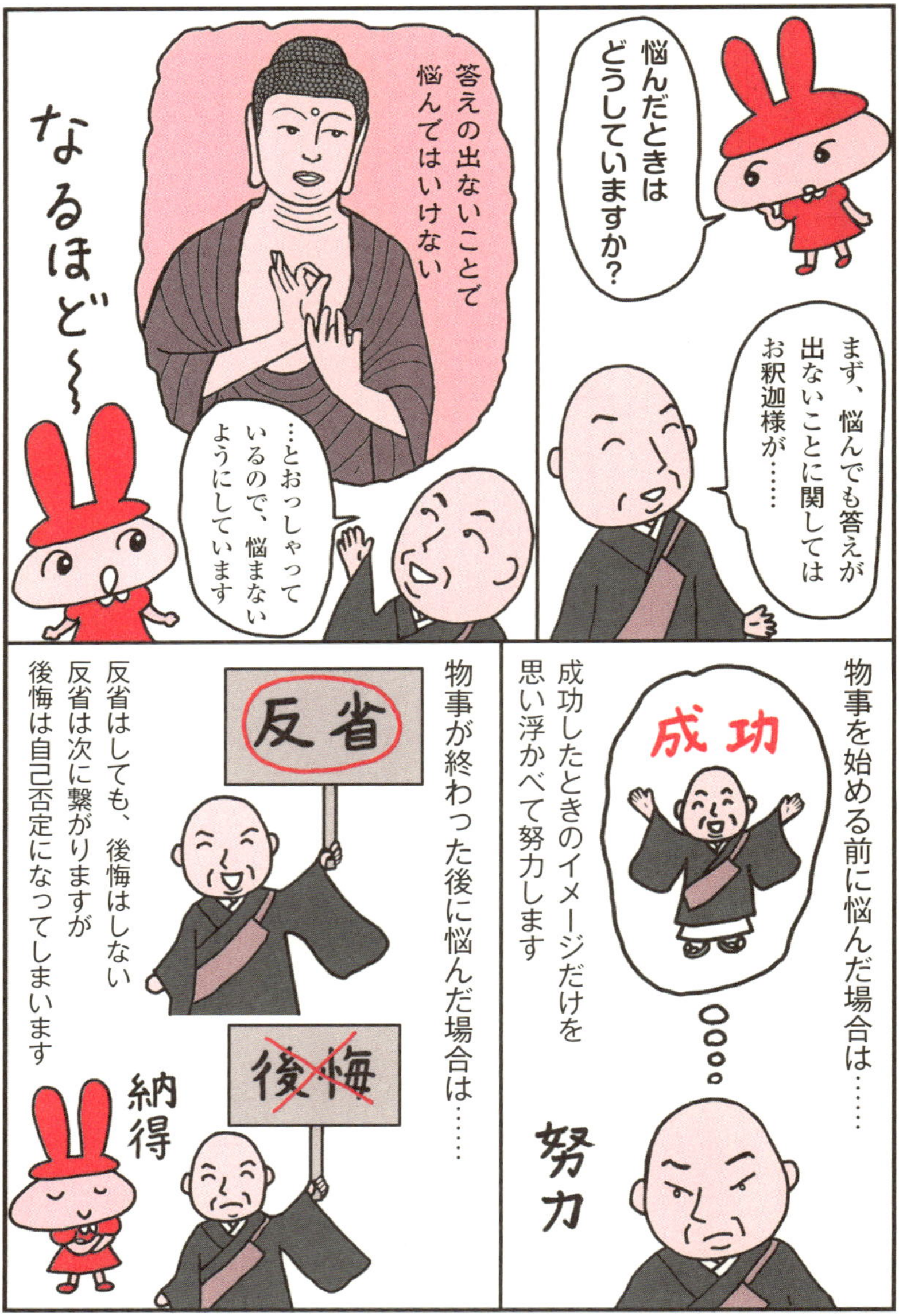

悩んだときはどうしていますか?
まず、悩んでも答えが出ないことに関してはお釈迦様が……
答えの出ないことで悩んではいけない
…とおっしゃっているので、悩まないようにしています
なるほど〜〜
物事を始める前に悩んだ場合は……
成功
成功したときのイメージだけを思い浮かべて努力します
努力
物事が終わった後に悩んだ場合は……
反省
後悔
反省はしても、後悔はしない
反省は次に繋がりますが後悔は自己否定になってしまいます
納得

# 第三章
# 人間関係・人生のウサ

嫉妬や争いから生まれる
人間関係・人生のウサを
なくして心を軽くしよう!

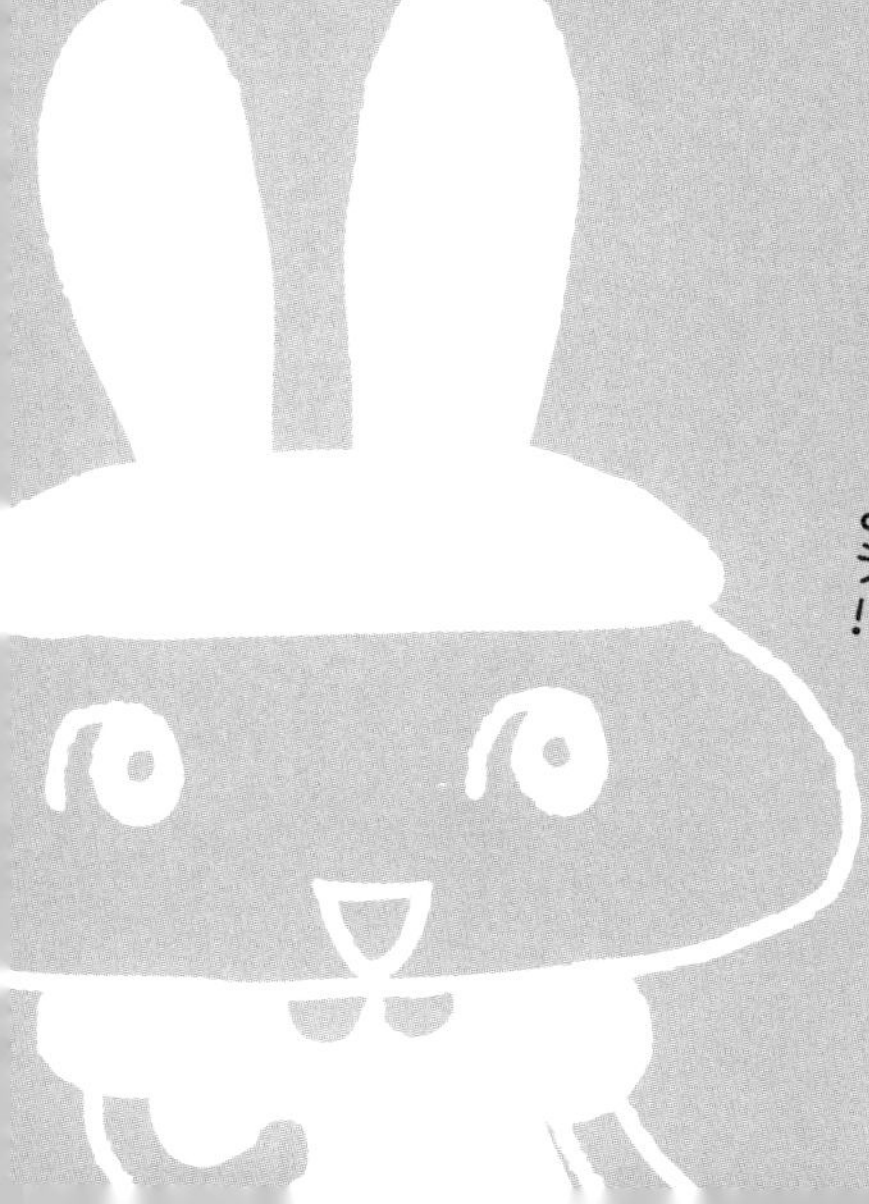

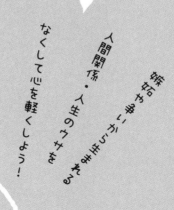

ウサ 47

**親友だと思っていた友人の結婚式に呼ばれませんでした。式用のドレスまで用意していたのに……。人間不信になりそうです。**
（30歳　女性　営業）

## 善友には簡単に出会えない まずは自分の行動を振り返る

倉本

まず、親友に出会うことは非常に難しいことです。お釈迦様も「※善友《ぜんゆう》」に出会えたら、それは仏道のすべてだとおっしゃっているくらいです。

あなたが相手を「親友」と思っていたとしても、**実際はふたりの間に大きな認識の違いがあったわけです。**なぜこのようなすれ違いが生まれたのか、自分の言動に問題がなかったか、冷静になって考えてみてください。

その原因がわかれば、次こそはお互いに親友と思える方との縁を結ぶことができるかもしれません。そのためにもまず、自身の言動を振り返ることから始めましょう。

私も知人から
こういう話を
聞いたことあります
すごくショック
ですよね

※善友（ぜんゆう）…信頼できる友人のこと。お釈迦様が「善友と交わることが仏道のすべてである」と説くほど大切な存在。

ウサ 48

**貸しているものを知人がなかなか返してくれません。取り立てるようなことをして関係を悪くしたくはないのですが、どうしたらよいでしょうか。**

（39歳　男性　医療関係）

## 貸したものには執着しない

例えば、ある人にあなたが大切に育てた鉢植えを欲しいとお願いされ、差し上げたとします。ただ、その後は「あのときの花は咲きましたか？」と聞いてはいけません。なぜなら花は自然のものですから、枯れることや、強風で倒されて鉢が割れてしまうこともあるでしょう。どうなったかを聞けば、相手に負担を与えてしまうことになります。

「取り立てるようなことをして関係を悪くしたくない」そう思うのであれば、貸したものには一切執着せず、あなたからは聞かないことが賢明です。

ウサ
49

**きれいな友達が羨ましくて仕方ありません。自分が引き立て役になっているとしか思えず卑屈になります。そんな自分がますます嫌いになります。**

（29歳　女性　契約社員）

悟東

## 外見は一瞬の輝き 内面は一生の輝き

お釈迦さんの時代に、すごくきれいでそのことを鼻にかけていた女性がいました。お釈迦さんは、その方の目の前にもっときれいな女性を神通力で出現させました。そして、出現させた女性を神通力で年を取らせ、老婆にし、倒れ朽ち、死んでウジ虫が湧いて骨になる様子を見せたのです。どんな美女でも、その美しい期間はほんの少しだけ。だから人間の魅力は外見じゃない、と説いたわけです。

きれいな友達もあなたも年を取ってシワシワになっていく。だから本当に磨くべきは外見ではなく内面のきれいさなのです。

内面から魅力がにじみ出るようにすれば、それ以外は問題のないことです。

年を取れば
皆シワシワに
なるんだから
容姿は気にしない
ことです

ウサ
50

## 家族や友人のためにいつも気を配っているのに、感謝の言葉をもらったことがなく、ときどき空しくなります。

（30代　女性　アルバイト）

### 人に対する気配りや行動は自分に対する功徳となる

「してあげた」と思うと、お礼の言葉や見返りを期待してしまいます。さらに、それらがなければ落胆したり、その人のことを悪く思ってしまいます。

お釈迦様のお弟子さんに、不眠不休で修業に務めた結果、視力を失ってしまった阿那律《※あなりつ》という方がいらっしゃいました。

ある日、阿那律は自分の衣を縫おうとしましたが、針に糸が通せません。すると、お釈迦様が「私に針に糸を通す功徳を積ませていただけませんか」と申し出ました。阿那律は「お釈迦様にそのようなことをしていただくことはできません。それに、お釈迦様がこれ以上功徳を積まれる必要がございましょうか？」と問うたところ「阿那律よ、悟りを求めることに終わりはないのだよ。生涯をかけて修行している私に功徳を積ませてくれないだろうか」とおっしゃって、阿那律の手から針と糸を受け取り、糸を通されたのでした。

人に対して気配りや、何かをしてあげるときには、「功徳を積むのだ」と思うようにしてみてはいかがでしょう。

※阿那律（あなりつ）…釈迦十大弟子のひとり。不眠不休の修行で視力を失った後に千里眼を手に入れたことから天眼第一といわれる。

ウ　サ
51


LINEで既読スルーをされることが多くて腹が立ちます。読んでいるのにどうして返事をくれないのか、理由がわかりません。

（24歳　女性　契約社員）

## 返信するのは相手の自由　自分勝手な強要はだめ

村上


単純に「世の中皆、そんなに暇じゃない」ということでしょう。メールというのは相手の都合のいいタイミングに返ってくることを考慮して送るもの。すぐに返事をもらいたいなら、電話をすればいいんです。

LINEのメッセージは、自分の履歴からは消せるけれど、相手の画面に上がったものを削除する術は今のところありません。送ったら後戻りができないものに対して返事を強要するのはいかがなものでしょう。

**既読がついても、すぐに返信するかどうかは、相手に任せるしかないと思います。**それをどうにかしたいというのは、あなたの驕《おご》りです。

既読しても、すぐにメールが打てない場合もありますし、打つのが面倒な人もいると思います

ウサ 52

**戸建ての住宅に住んでいますが、隣人のおばさんがうっとうしいです。出かける私に「どこ行くの？　昨日は遅かったわね」と声をかけてきます。見張られているようで怖いです。**（41歳　女性　パート）

## 今こそ見つめ直すのは、身近な繋がり

関西じゃ「どこいくん？」など気軽に声を掛けられることがよくあります。隣に誰が住んでいるのか、わからないほうが怖くないですか？

見張られているというのは、あなたの想像にすぎないかもしれません。法相宗※の教えでは、「自分の目を通して現れている現象は、自身の心がつくり出したものにすぎない」と説きます。「見た目が甘そうな苺を食べたら、とても酸っぱかった」というように、目で見ただけでは物事の本質はわかりません。

インターネットが普及して、広大な世界を近くに引き寄せてくれました。顔を見たこともない人と情報交換をし、パソコンの前にいながら買い物だってできる。その反面、現実の関係性が急速に希薄になっているのも事実ではないでしょうか。

ネットは、電池が切れ、電波が届かなければまったく使いものになりません。いざというとき、頼りになるのはリアルな繋がりです。今こそ、人との関わり合いを考え直すチャンスだと思いますよ。

※法相宗（ほっそうしゅう）…P019参照。

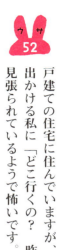

ウサ 53

# 「あのとき、ああしていたら」と後悔ばかりしています。もっと前向きに考えたいのですが……。

（36歳　女性　契約社員）

悟東

## 後悔は未来への学び
## 前向きになるためのステップ

お釈迦さんの言葉に「過去は追ってはならない。未来は待ってはならない。ただ現在の一瞬だけを強く生きねばならない」というものがあります。

お釈迦さんの言うように、過去に固執しすぎてはいけませんが、今をきちんと生きるためには、ときには振り返ることも大切です。まったく後悔してはいけないわけではありません。

後悔とは、また同じようなことが起こったときのための学びなのです。

だから、後悔することがあったときは、次にもっといいステップを踏むための勉強として前向きに考えてみてください。

一度しっかり
反省したら
そのことはもう
後悔しないことに
しては？

ウサ 54

**自分が完璧主義なので、人にもそうあって欲しいと思ってしまいます。人はそれぞれと頭では理解できるのですが。**

（34歳　男性　金融関係）

# 他人に自分の価値観を押しつけない「完璧主義」なんて自己満足

そうあって欲しいと思うのか、そうあって当然だと思っているか、それは大変大きな違いです。

自分にとって理想的な条件でことを進めるために、相手に完璧を求めているとしたら、ものすごく失礼な考えです。

もしそうなら、あなた自身に欠陥があるわけで、自分では完璧主義と思っておられるようですが、不完全なわけです。人の心は自分勝手に動かすことはできないのです。

あなた自身が自分を完璧主義だと思うのは、あなたの自由ですからお好きになさったらよいですが、人に完璧であって欲しいと強いることはあなたの自由ではないのです。

仮に相手にそういう要素を求めるのであれば、あなたが何らかの代償を支払わなければならない。代償を払っていないから、着地点が見えていませんよね。

完璧主義のようで完璧でない自分に、早く気づいたほうがいいと思います。

ウサ55

**今は子育てをしながら専業主婦をしていますが、復職のことを考えると気が滅入ります。バリバリと働いている友人達を見ると、世間から取り残されているようで、社会復帰できるのか不安です。**
（36歳　女性　専業主婦）

# 子供を育てることは立派な社会活動のひとつ

傲慢の「慢《まん》※」という字はサンスクリット語で「マーナ」といいます。これは「他と比べる」という意味です。

人は人、自分は自分です。気が滅入ることではありません。子育てという立派な仕事をしているのですから、今は子育てを頑張りましょう。復職については、そのときになって考えればよいのです。

未来の日本を支える子供を育てているのですから、立派な仕事なのです。世間から取り残されているなんてことはありません。

それを忘れて、社会で働いている友人達を見て自分は世間から取り残されていると思うのは傲慢、つまり煩悩の現れではないでしょうか？

※慢（まん）サンスクリット語で「マーナ」…仏教における煩悩のひとつ。自分を他人と比較して軽蔑したり、自らを驕りたかぶること。

仕事の繋がり
だけが「社会」
ではないと
思います

ウサ 56

**友達の成功を素直に喜べません。器が小さいなと思ってしまうのですが、どんどん追いこされていきそうで、つい嫌みを言ってしまいます。**

（33歳　男性　マスコミ関係）

辻

## 競い合う必要はない
## やるべきこと、目標をしっかり持つ

スキルに差があれば、尊敬の念をもったのかもしれませんが、その友人とは実力が僅差なゆえに、競争心が生まれているのではないでしょうか？

嫌味を言う、自分の器が小さいと思う、その時点で負けを認めているわけです。あなたが立ち止まっている間に、相手はどんどん先にいってしまうかもしれない。結局、また悔しい思いをすることになるでしょうね。

相手を追い越すことができれば、一時は楽になるかもしれません。でも競い合う必要はないでしょう。自分がやるべきことを見つけ、目標さえしっかり持つことができれば、嫉妬や妬みなんかそのうち消えますよ。

人の成功って
なかなか
喜べないもの
ですよね

ウサ
57

**いつも怒れないような理由をつけて、約束をドタキャンする友人がいます。私は約束したら、よほどのことがない限りキャンセルはしません。ムカッとしてしまうのは、心が狭いのでしょうか？**（35歳　女性　イラストレーター）

悟東


## 腹が立って当たり前　まずは自分の思いを伝えてみる

自分の心をちゃんとわかって認めてあげることがすごく大事なので、心が狭いと思わないほうがいいです。約束を違えられているのですから怒って当然です。その気持ちを抑えると、後で必ずどこかに影響が出ます。体の調子に出たり、ドタキャンした相手に対して違う形で不満を返してしまったり。

そういうことも起こり得るので、感情を抑えるのは、よくありません。

まずは、自分の思いを友人に伝えてみてはどうでしょう。それでも改善されないようであれば、その友人とのつき合い方を考え直したほうがいいかもしれません。

いつも時間に
遅れてきたり
約束をしょっちゅう
キャンセルする人って
いますが
腹が立ちますよね

ウサ 58

**それなりにつき合いのある友人からお金を貸して欲しいと頼まれ、迷っています。すぐに貸せない私は薄情者でしょうか？**（37歳　男性　フリーランス）

# 責任を負える人は友人からお金を借りない

石川


お金を貸すことに対し慎重になるのは当然のことであり、薄情者ではありません。

友人にお金を貸す場合のリスクを考えてみましょう。返済が滞った場合、返済の督促《さいそく》をできるか。トラブルになった場合、今までと同じ人間関係を続けることができるか。万が一お金が返ってこなかった場合、そのお金を諦めることができるか。

通常は、金融機関などから借り、「借りたお金に対する自己責任を負う」という意思を示すのだと思います。しかし友人・知人から借りる人は、**「自己責任のリスクを負うことを回避する人」**なのだと思います。

友達の間で
お金の貸し借りは
貸しても
貸さなくても
友情を壊しそう

## ウサ 59

**お酒を飲まないということもありますが、仕事終わりに遊ぶ友達がいません。ひとりでもいいので心から話せる友達が欲しいです。どうやって見つければいいのでしょう？**（40代　男性　会社員）

# 枠にとらわれず時間をかけて探す

「お酒を飲まない」、「仕事終わりに遊ぶ友達がいない」と行動の枠を決めてしまっていますよね。**真剣に繋がりを求めるのなら、自分から行動を変えることが大なり小なり必要です。**

今はSNSのおかげで、携帯さえあれば、簡単にたくさんの人と繋がることができるようになりました。しかし、そのほとんどが表面的な繋がりともいえます。あなたの望む「心から話せる友達」というのは、SNS内での関わりとは違って簡単にできるものではないと思います。

時間をかけて生涯の友となれる人を見つけることに意義があるのです。そのためにフィールドを広げてみましょう。「心から話せる友達」を探しているのは、あなただけではないと思いますよ！

ウサ 60

**自分がいない間に悪口を言われているのでは？　と不安になるため、どんなに忙しくても、友人の集まりに無理して顔を出しています。大らかな人間になるには、どうすればいいですか？**（32歳　男性　会社員）

## 悪口を言われない人はいません　気にしない心を育てましょう

たしかに無理してでも顔を出していると「あの人、つき合いいいよね」と評判は上がるかもしれません。全面的に否定するつもりはありませんが、悪口を言われないために、集まりに参加することは、決して前向きな努力ではないですよね。

例えば、熊笹は根っこから引き抜かない限り場所を変えて生えてきます。悪口も同じで、元の要因があると何度でも場所を変えて生まれてくると思います。

悪口が具体的に発覚したときに原因を見定め、自分がどう捉えるのかが大事だと思います。それで解決できるのなら、それに越したことはありません。

あるいは、どんな人でも必ず悪口を言われるものだと割り切ってみてはどうですか。

「大らかな人間」になりたければ、まず悪口を気にしないことですね。

ウサ
61

**謙虚な心や感謝の気持ちを持つことが大切だと聞きますが、そうするためには何を心がければよいのでしょうか。**
（36歳　男性　営業　会社員）

# 先徳の教えから智慧を学ぶ

『菜根譚《さいこんたん》』※という儒教、仏教、道教の三教に基づいた中国の古典があります。これには人生の指針が書かれていますので機会あれば読むことをお勧めします。

　その中の語録を引くと「人の小過を責めず、人の陰私を発《あば》かず、人の旧悪を念《おも》わず。三者、以て徳を養うべく、また以て害に遠ざかるべし」とあります。

簡単に現代語訳にすると「人の小さなミスを責めることはせず、隠しておきたい私事を暴いたりせず、過去の悪事をいつまでも覚えておくようなことはしない。この三つを心がければ、徳を養うことができ、災禍を遠ざけることができる」という内容です。先徳の教えから学ぶことは多くあります。その智慧を拝借することで、謙虚な感謝の気持ちを養うヒントになるでしょう。

※菜根譚（さいこんたん）…中国の洪自誠（こうじせい）によって書かれた随筆。

ウサ 62

**ママ友のリーダー格の人と意見が対立し、それから仲間はずれにされています。私だけならいいのですが、子供も仲間はずれにされてしまわないか心配です。意見を曲げても謝ったほうがいいのでしょうか。**（39歳　女性　パート）

# 価値観は十人十色 相手の正義を認めましょう

悟東


もし、子育てや子供に関係のないことで対立しているのだとしたら問題です。正義感や価値観はそれぞれ違うものなのです。

ママ友というのは、子供を育てる環境をつくるためのコミュニティーですから、もし子供に関係ないことで対立しているのであれば、謝るべきです。

これからは意見を対立させず、あの人はああいう見解なんだ、この人の正義はこうなんだ、という見方を心がけましょう。いろいろな正義があると容認し合った上でのコミュニティーにしないと、子供を平和に育てていくことはできません。

ママ友は子供のためのコミュニティーと割り切って考えてください。

自分の正義を無理に通さずに融通を利かせることが大事だと思います

ウサ 63

**幸せになりたいです。生涯の伴侶と大事な家族がいて。特にお金持ちでなくても、日々幸せだと感じられるようになりたいです。**

（29歳　女性　会社員）

# しっかりとした価値観が明確な幸せのヴィジョンに

石川


人は誰しも幸せになりたいと思います。では幸せになるには、どうしたらよいでしょう。まず、物事を成すには時間が必要なことは、おわかりになりますよね。なぜ時間がかかるのでしょう。それは、大きな達成のためには、小さな物事を積み重ねていく必要があるからです。

お仕事でも、趣味でも何かひとつ成功させたり、実現させたりすると、徐々にではありますが確実に成長していきます。その積み重ねによって、「しっかりとした価値観」を身につけることができますし、その延長線上に「幸せ」があるのです。

ぼんやりとした価値観で幸せを捉えているうちは、真の幸せに巡り会えません。

自分が幸せだと思えさえすればいつでも幸せになれますよ！

ウサ
64

**自分勝手に生きて、友達にも親にも見放されました。後悔はしていませんが、ときどき不安に押しつぶされそうになります。こんなときだけ神様仏様に助けを求めるのは罰当たりでしょうか？**（55歳　男性　無職）

## 神仏と向き合って出す答えは、自分と向き合って自分で出す答え

明日地球が滅ぶと知ったら、誰しも何かにすがりたくなるんじゃないですかね。ふだんは神《かみ》仏《ほとけ》を信じていなくても、困ったときばかりはすがりつく。私達はとても都合がよい。

さて、不安に押しつぶされそうとは、つらく苦しいですよね。でも、こんな状況にあるからこそ、真摯に神仏と向き合えるチャンスだと思います。どんな悩みでも神仏は突き放すことなく、あなたの思いを聞いてくれます。

友人に「言ったらあかんよ、内緒だから」と相談しても、いつのまにか広まっていることありませんか？　しかし、神仏は決して他言しません。心の声を静かに聞いてくださいます。そして、神仏と対峙して得られる答えというのは、自分と向き合って、自分で出す答えでもあるのですよ。

その答えに納得できればそれでよし、もし納得できなければ、何度でも神仏と向き合い、語りかければよいのです。常に身近にいらっしゃることを意識する気持ちが大切です。

ウサ
65

**SNSで充実している友人達を見ると、落ち込みます。見なければいいのに、やっぱり気になってしまいます。人の幸せを妬むなんて情けないです。**（20代　女性　ライター）

## 過大な嫉妬は身を滅ぼす 適度な距離をとれば気にならない

おそらく、自分が充実していないという感覚があるんですね。人に対する妬《ねた》み、嫉《そね》みは、お釈迦様の時代にもありました。

昔々、田舎暮らしの青年が仙人からひょうたんをもらいました。それは中をのぞくと、目の前にいる人物の心の底にともる煩悩の炎が見える代物でした。

青年はそれを巧みに利用して長者になります。そして商売を拡大し、宮殿を建てるのです。

しかし、すぐ隣に自分の宮殿より立派な宮殿があり、悔しくなって、またひょうたんの炎をのぞくのです。すると、そこに映っていたのは、全身が真っ赤に燃える自身の姿でした。自分の妬みや貪りが煩悩の炎を強くしてしまい、結果的に自分の身を焼いてしまったのです。さらに彼の宮殿は火事になってすべてを失ってしまいます。

青年は一文無しになって田舎にもどり、自分の父親の様子をひょうたんでのぞいてみると、父親には一切煩悩の炎がありませんでした。父親はいつも「今、ここに与えられたことだけで満足だ。他人を羨む必要はない」と説いており、青年はそれに反発して家を飛び出しました。

最終的にすべてを失って見つけたものは、原点である父親の姿だったのです。

お釈迦様はこの話に補足して、「煩悩の火を止めるためにはまず目を閉じなさい。目を向けるから火に照らされ、その輝きに心を持っていかれるのだ。目を閉じても、顔に当たる炎の火照りが消えない場合は、籠でもかぶりなさい。もしくは遠く離れなさい」とおっしゃいました。

心を惑わす悪い要因が近くにあるなら、そこから離れて目を閉じて、すべてを断絶すれば消えるというのです。

もし完全に断ち切ることができないなら、SNSとのつき合い方を上達させましょう。

私の友達は
「人の幸せが羨ましくなるから」と
SNSをやめました。
そこから離れることも
ひとつの方法ですね

ウサ 66

**人づき合いが苦手です。会話を続けるのが下手で、約束をして会うのにも勇気がいります。友人もほとんどつくれず、寂しいです。**（25歳　女性　事務）

倉本


## 自分の殻に閉じこもらず自然体を心がけましょう

そもそも人は、ひとりで生まれてひとりで死んでいくわけですから、そんなに自分を卑下する必要ないと思います。無理をせず、自然にしておられたらいいと思います。

不安というのは仏教では「妄想」だと言われています。対義語は「※安心《あんじん》」であり、安らかな心というのは「気がかりなく、さらけ出す心」なのです。不安の「不」を取ろうと思ったら、安心でいればいいのです。

人と会うときは、無理のない範囲で「自分はこういう人間だ」ということをさらけ出してみましょう。ありのままの自分を相手にわかってもらえれば、心の友（＝善友）に出会えるかもしれませんよ。

※安心（あんじん）…恐怖や不安から解放され、心が安らかになる境地のこと。

ひとりを楽しむ
心の余裕を
持てると
いいですね

ウサ 67

できるだけ、つらく苦しい思いをせずに生きていきたいです。どうしたら、この世を楽に生きられるでしょうか。
（34歳　男性　事務　会社員）

## この世は、苦があるから楽を実感できる

常に心を安楽に保つことができるのであれば、この世を楽に生きられるかもしれませんが、そう簡単にはいかないでしょう。

とても美味しい食事をしているときは幸せだけれど、食べすぎると苦しい。座ると楽だけれど、いつまでも座っていると腰が痛くなる。充たされるといつしか不満が生まれてくるのです。

自分の見たくないものを見ない、嫌なことはやらない、ええとこ取りの人生なんてまず無理。楽だけあって苦しみがなかったら、その楽はどうやって知ることができるのでしょうか？　苦があるから楽を実感できる。この世はそういうものなのです。

ウサ
68

## 他人に必要とされていると思えず、生きている意味がわかりません。
（35歳　男性　会社員）

# 生きる意味に答えを出せた人は歴史上ひとりもいません

　これは誰しも考えたことがある悩みなのではないでしょうか。私自身も考えたことがございましたが、お釈迦様の教えからある結論を導き出すことができました。

　お釈迦様が弟子から問われたことに対し、お答えにならなかった「※十《じゅう》四《し》無《む》記《き》」という十四の問いがあります。

一　世界は実在するのか？
二　世界は実在しないのか？
三　世界は実在、かつ、無常なのか？
四　世界は実在でも無常でもないのか？
五　世界は有限なのか？
六　世界は無限なのか？
七　世界は有限かつ、無限なのか？

八　世界は有限でも
無限でもないのか？

九　身体と魂は
ひとつなのか？

十　身体と魂は別なのか？

十一　如来（修行完成者）は、
死後存在するのか？

十二　如来（修行完成者）は、
死後存在しないのか？

十三　如来（修行完成者）は、
死後存在し、
かつ存在しないのか？

十四　如来（修行完成者）は、
死後存在するのでも、しないのでもないのか？

十四の問いをご覧になり、あなたはどう思われましたか？　この問に対し、答えを出すことができましたか？　おそらく、答えが出せないと思います。

お釈迦様がお答えにならなかったのは「答えの出ないこと、わからないことを考えている時間があるなら、現実をしっかりと見て、今直面している問題に真剣に取り組みなさい」という教えではないでしょうか。わからないこと、答えの出ないことを考えて悩むと、自分自身を見失いかねません。今やるべきことをやることが、答えへの一番の近道ではないかと思います。

※十四無記（じゅうしむき）…お釈迦様が意図的にお答えにならなかった十四の問い。出典は『箭喩経（せんゆきょう）』。

確実なのは
ご両親は
あなたを
必要としている
ということです

お坊さん自身のことを聞いてみた！
悟東あすかさん
好きな仏教の言葉を教えてください
如実知自心《にょじつちじしん》
「実の如く自心を知る」という意味です
弘法大師 空海の言葉です
何か困難があるときって人のせいにしちゃうじゃないですか
うまくいかないのはあの人のせい
それって実は自分の心から出てるよねって自身に問いかけるんです
ヘェ〜
えっ私!?
すると、気づきが出てくる
自分の中の問題を相手に映して見ていることが多いんです

「他人は自分を写す鏡」ってことですね！
ハイ
嫌な人
誰にでも嫌な人はいると思いますが自分とあまり関わりがなければ気にならないし……
関わりたくない…
距離を置けなくても自分の中で憎しみの原因が解消されると憎らしくなくなります相手の見え方は、自分の心持ち次第
自分の中で解消
憎らしい！
あれ？憎らしくない
私もこの間「二度とこの人と仕事したくない」ということがあったんです！
キー
そ、そのときどう対処したんですか？
ひえ～
あの人が嫌いなんですけど
ホントはこんなこと思っちゃダメ
とりあえず祈ることしかできなくて……

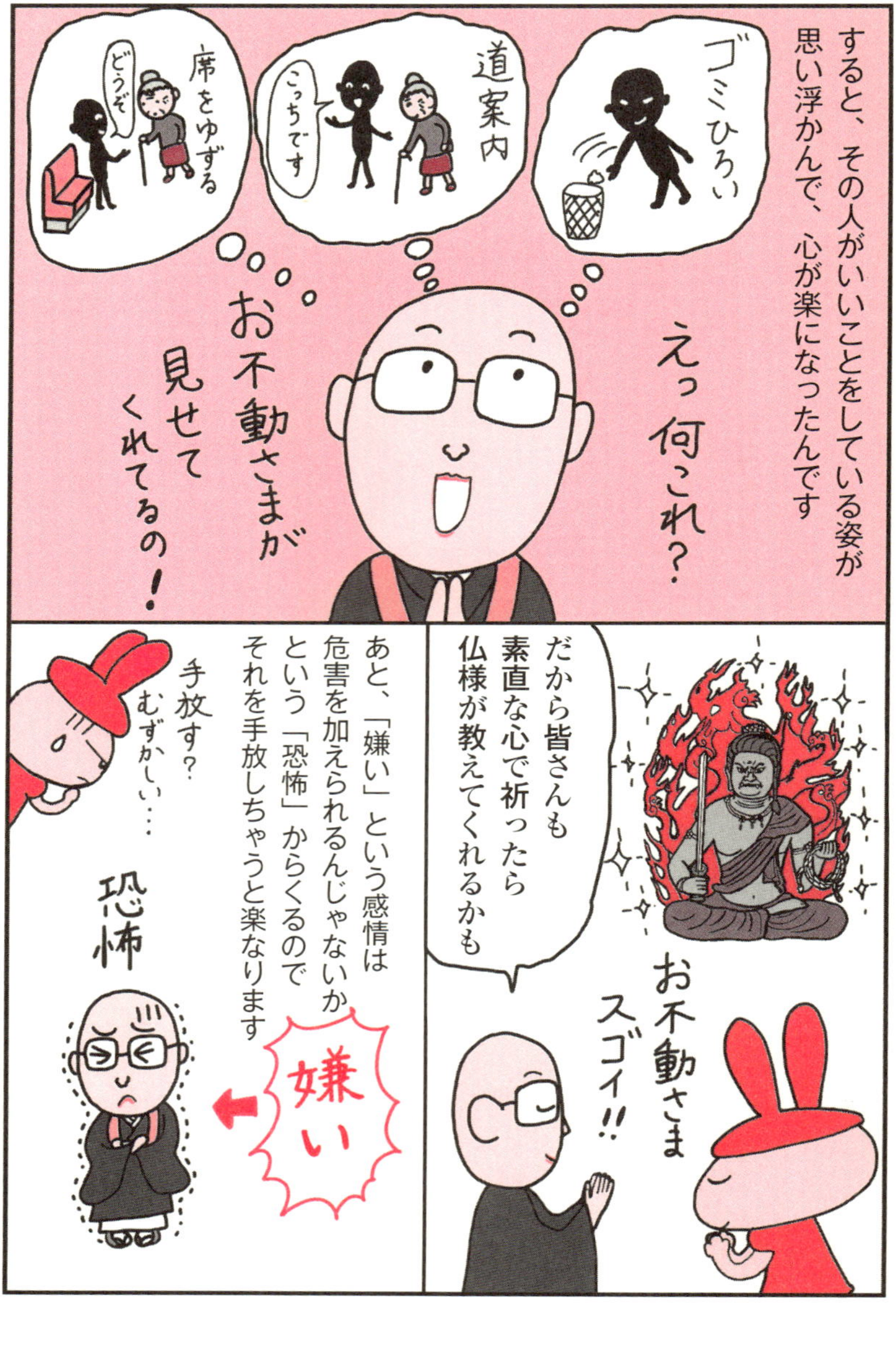
すると、その人がいいことをしている姿が思い浮かんで、心が楽になったんです
ゴミひろい
道案内
こっちです
席をゆずる
どうぞ
えっ何これ？
お不動さまが見せてくれてるの！
だから皆さんも素直な心で祈ったら仏様が教えてくれるかも
お不動さまスゴイ!!
あと、「嫌い」という感情は危害を加えられるんじゃないかという「恐怖」からくるのでそれを手放しちゃうと楽なります
嫌い
恐怖
手放す？
むずかしい…

第四章

# 家族のウサ

子供のことや親のこと
家族の問題は複雑……
家族のウサは愛情が大切

ウサ
69

## 親からDVを受けて育ちました。自分に子供ができても、同じことをしてしまうのではないかと不安です。

（30代　女性　フリーランス）

## つらい経験をした人は人一倍優しさを持っている

『華厳経』に次のような物語があります。

遠い昔に早離《そうり》・即離《そくり》という兄弟がおりました。ふたりは幼くして親と死に別れます。そんなとき悪人が「親に会わせてやろう」とうそぶき、ふたりを小舟で小島に連れて行き、島に置き去りにして帰ってしまいます。ふたりは幾日も野山を駆け巡って親を求めますが、会えるわけがありません。ひもじさと疲れが絶頂を迎え、弟の即離が泣きじゃくりながら兄にやりきれない思いを訴えます。すると兄の早離は、「弟よ。私もそう思っていた。しかし舟もないのだから、ここから帰られないのだよ。親と死に別れるのがいかに苦しいか、人に騙されることがいかに切ないか、飢えとひもじさがどんなに耐えられないものであるか、お前と私は身にしみて味わった。これを無駄にしてはならない。今度生まれ変わったら、私達はこの世における苦しみを拠《よ》りどころとして、悲しめる人、悩める人を救っていこうではないか。他人を救うことが、自分達を救うことになるのではないか」となだめます。ふたりは手を取り合い、そして息絶えます。

　他人の痛みが本当にわかる人とは、自分が苦しい思いをした人です。物語中では舟がなく、帰ることができません。その意味するところは「諦め」ですが、「明らめ」でもあります。物事をよく観て明らかにし、最善の方法を考える。どうにもならないことをどうにかしようとしても解決しません。

　あなたがDVを受けたことは、過去に起こったことで変えることはできません。過去は過去、そう受け止めることができれば苦を解決することに繋がります。

　さて、この心美しい兄弟は、兄は観音菩薩《かんのんぼさつ》に、弟は勢至菩薩《せいしぼさつ》に生まれ変わりました。

　つらい過去をご自分の宿業として受けとめられれば、慈愛をもって接することができます。

「自身は絶対にDVをしない」
と心に誓い
強い意志を持ち続ければ
負の連鎖は断ち切れる
と思いますよ

ウサ 70

**大学を卒業したら、ボランティアで世界を回りたいと思いますが、親からはいい会社に入って、いい生活を目指しなさいと言われました。お金はそんなに大切なのでしょうか？**（20代　男性　大学生）

# 子供には親を安心させる義務があるんです

どこにでも行きたいところに行けばいいんですよ。でも、親を安心させる義務っていうのが子供にはあるんです。たぶん、ご両親は何もいい会社に入って、いい生活を目指すということだけが絶対だと、本心からは思っていません。しかし親というものは、どうしても無難なところに進んで欲しいと思うもの。

だから、自分の思い通りの生き方を望むのであれば、一生懸命頑張っている姿を見せて、親を安心させる義務を果たさなければならないでしょう。親は、「育て」「教え」「守る」という義務を果たしてきたわけです。そのおかげであなたは大学に進学もできたのですから。親を安心させるのは、子の義務です。

身近な親を
幸せにできずに
他の人を幸せにする
のは無理なのでは？

## ウサ 71

**両親がケンカばかりしているので、離婚すればいいと思うのですが、母が「あなたがお嫁に行くときに片親だとかわいそう」と恩着せがましく言ってきて腹が立ちます。**（19歳　女性　大学生）

悟東

## 両親の問題は両親に　あなたは自分のするべきことを

私は片親なのですが、結婚のときに「片親だから」と相手のご両親に反対されました。このように、片親だからお嫁に行きづらくなる場合があるのも事実だと思います。だから、お母さんの心配も一概に恩着せがましいともいえないわけです。

ご両親のケンカはすごくつらいでしょうが、とりあえず19歳という大事な時期なので、自分のことに集中してください。

子供から見えない親の部分は多いですし、離婚するかしないかの判断は両親の自由です。それに、親というのは子供を思うのが本分です。あなたが悩んでいると悲しむと思うので、今は両親のことで心をグラグラさせないことが大切だと思います。

親が「あなたのために」と言ってくるのは子を思うゆえの愛情だと思いますよ

ウサ 72

**夫と義母は大変仲がよく、義母は何かにつけて私達の生活に干渉してきます。夫に話をしても「心配してくれているんだから」と、とりあってくれません。今はなんとか我慢していますが、いつかキレそうです。**
（30代　女性　パート）

倉本

# 環境が変われば人も変わる 差し当たっては感謝の心を持つ

よい方向に考えるならば、ご主人が言うように「心配してくれているんだから」と思うしかないですね。お義母さんはご主人を産んでくれた方なので、仏教的には優先して大事にしなくてはいけない人です。

お義母さんが子離れできていないことは明らかですが、一生そういう状態が続くわけではありません。お義母さんだけではなく、あなた達夫婦を取り巻く状況も常に変わるのです。まさに諸行無常※なのです。

子供ができたりしたらもうごろっと変化しますから。あまり考えすぎず、ストレスを溜め込まないようにしてください。怒りという感情からいいものは生まれません。

※諸行無常（しょぎょうむじょう）…P049参照。

母親の立場で
考えると
息子とは仲良く
したいですよね

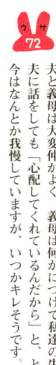

ウサ 73

## 父親がアルコール依存症です。治そうという努力すらせず、苦しんでいる母親を見るのがつらいです。

（29歳　男性　エンジニア　会社員）

# 家族で抱えきれなければすぐに専門家の元へ

修行を正しく実践するためには師匠が必要になります。この場合アルコール依存症の専門家である医師が師匠に当たるのではないかと思います。

仏教的に申すならば、お母様とあなたは、現在結果を得ることができない「苦行」のまっただ中におられるのだと思います。

依存症を治すことは、本人にとってもご家族にとっても、結果が出るのかどうかもわからない「非常に厳しい修行」だと申しても過言ではございません。

一刻も早く専門家に相談されて、その指導を修行と思い厳粛に実践することが大事です。

ウサ 74

## 中学生の娘がいじめにあっているようで、「何か困っているなら相談して」と何度も言っていますが、何も話そうとしてくれません。

（40代　女性　パート）

# どんなことがあっても味方だと言い続けてください

お釈迦様は生まれた直後に※「天上天下《てんじょうてんげ》唯我《ゆいが》独尊《どくそん》」とお話しされたという伝説があります。「この世で唯一尊いのは自分である」と言われたのです。

これは「仏教の開祖になるべくこの世生まれたから、私ただひとりがこの世で尊い」という意味ではなく、「自分という人間はこの世にひとりしかいないから、自分という存在は誰にも代わることとできない。この命そのままが尊い」という意味です。あなたの娘さんも同じように唯一無二の尊い存在なのです。

あなたにとって、娘さんがどれほど大切かということを、ちゃんと伝えてあげてください。そして、どんなことがあっても味方だと言い続けてください。

もし体に傷などがあるようでしたら、娘さんの意思に関係なく学校や、場合によっては警察に相談が必要です。常に目を離さず根気よく、見守ってあげてください。

※天上天下唯我独尊（てんじょうてんげゆいがどくそん）…お釈迦様が生まれた直後に言ったとされる言葉。ひとりひとりの人間が尊い存在だという教え。出典は『長阿含経（じょうあごんきょう）』。

ウサ75

**母親の干渉がひどくて困っています。別々に暮らしているのに、毎日のようにメッセージを送ってきたり、職場のことや恋愛にも口を出してきたりして、うんざりです。**（33歳　女性　広報）

## 口を出すのは親の性　上手なつき合い方を模索しよう

きっとお母さんはすごく寂しいんでしょうね。子供はどうしても母親という存在に完全性を求めます。けれど、どう頑張っても人間だから欠陥はあります。他方で、親というものは長く生きている分たくさんのことを知っていて、子供が傷つかないように無事でいられるようにとアドバイスをしてくれます。

しかし、子供はあえて曲がりくねった道を行きます。転んだり火傷したりという体験を経て、生きていくのは大変で、苦しくて怖いものだと理解し、ようやく人生を大事に生きていこうと痛感するのです。

干渉してくるのは、お母さんがそれだけあなたのことを思ってくれているのだと前向きに受け止めて、話を聞いて学んでいけばいいんです。

とはいえ、あまりにひどい干渉の場合は、ストレスになってしまいますから、ある程度はスルーしてもいいと思います。適度な距離感を保てるよう、模索してみてください。

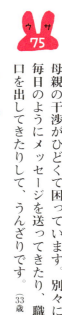

ウサ
76

**離れた両親を弟夫婦が面倒をみてくれていますが、親の年金を自分達の趣味に使っているようで……。両親のために貯蓄を、と注意しても「自分達が面倒をみているんだから」と改めてくれません。**

（35歳　女性　公務員）

## 万が一のときのために
## あなたができる準備を始めて

仏教に「※黒白《こくびゃく》二鼠《にそ》の喩《たと》え」という話がございます。

旅人が荒野を歩いていると、飢えた虎に出会ってしまいました。旅人は、虎に食われまいと必死に逃げた末、断崖絶壁に追いつめられてしまいます。しかし、幸いなことに海に向かって一本の松が生えており、その枝から綱が下がっています。その綱にぶら下がって虎の難を逃れ、やれやれと下を見て、旅人は驚愕します。なんと、足元には荒波渦巻く深海が広がり、海面には三匹の毒竜が口を大きく開けて旅人が落ちてくるのを待ち構えていたのです。さらにこの状況の中、白・黒二匹のネズミが現れ、綱をかじり始めました。旅人がネズミを追い払おうと綱をゆすったとき、上から何かが滴り落ちてきます。何だろうと口に入れてみると、それは心身ともにとろけそうな甘いハチミツでした。旅人は夢中でハチミツをなめます。彼は自らに迫っている虎、毒竜、ネズミの恐怖を忘れハチミツの甘さに酔いしれてしまうのです。

失礼を承知でこのお話に例え

るなら、「旅人」が弟さんご夫婦であり、「年金」がハチミツではないかと思います。弟さんご夫婦は自由に使えるお金に酔いしれてしまい、これから起こるであろう出来事が見えなくなっておられるようです。

このような状態のときは、何を言ってもまったく耳に入らず、忠告しても拒絶されてしまうことが大半です。

「※因果応報《いんがおうほう》」という言葉がございますが、行為の善悪に応じてその報いがあることをいいます。今、楽をすれば後から苦が訪れますし、今、苦を経験すれば後から楽が訪れる。本来ならこのことをわかった上で両親の面倒をみなくてはならないのですが、わかっていないまま面倒をみていることに不安と不満が生じてらっしゃるのではないでしょうか。

言ってもどうにもならないことで心をわずらうより、万が一のことが起こったとき対処できる環境を自身の手で整えることをされてはいかがでしょう。離れていてもできることをお考えになり、実行していかれることが、ご両親のためになるのではないでしょうか。

※黒白二鼠の喩え(こくびゃくにそのたとえ)…『仏説譬喩経(ぶっせつひゆきょう)』の中に登場する喩え話で、人間が欲におぼれる様子が説かれている。

※因果応報(いんがおうほう)…善い行いをしてきた者には善い報いが、悪い行いをしてきた者には悪い報いが訪れるという教え。

ご両親の面倒を
みてもらっているので、
何かあったときは
あなたが支えてあげては
いかがでしょうか?

**77**

**私を幼い頃から女手ひとつで育ててくれた母に結婚を報告したところ、「あなたは騙されている」「私をすてるの？」と言われてショックを受けました。どうすれば母にわかってもらえるのでしょう。**

（38歳　女性　医療事務）

辻

## わかってもらうのでなく 不安を取り除く

結婚はふたりでするもの。お母様に祝福してもらうことは、これから苦楽をともにしていく夫婦としての大事な一歩。

お母さんの強すぎる愛情は少し度が過ぎている感もありますけれど、今まで母娘ふたりで過ごした時間がとても長く、あなたが家を出ることで日常が転変するわけです。これは大きな不安になります。わかってもらうのではなく、お母さんの不安を取り除いてあげることをまず考えてください。

ふたりで積み重ねた年月は、第三者が簡単に踏み込めるものではありません。しかし、これは家族にとってのいい転機。あなただけが重荷を背負うのではなく、パートナーの協力は必要です。これからは夫婦ふたりで力を合わせ人生を歩んでいくわけですから。

「結婚しても
お母さんへの愛情は
変わらないから」
と言い続けて
みては？

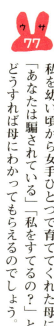

## ウサ 78

**進学も就職も何をするにも親の顔色を心配して、自分のしたいことができません。親が喜びそうな選択ばかりしてきましたが、こんな自分でいいのか悩んでいます。**

（20代　男性　会社員）

単刀直入に言えば、それはだめです。20歳を過ぎたら人生は自分の責任で生きるしかありません。

「親が喜びそうな選択ばかりした」というのも「親の言葉に従う」という選択をしたということなのです。

それを嫌だと思うからこそ、このような質問をされたのでしょう。

それならば、今のうちにもっと自分の生きたい人生を、自分の責任で生きて欲しいです。

悟東

## ウサ 79

**高校生の息子がスマホ依存症で困っています。ご飯を食べるときも、お風呂に入っているときも、ずっとスマホをいじっていて、まともに顔を見て会話することさえむずかしいです。**

（40代　男性　会社員）

ここで無理矢理スマホを取り上げてもなんの解決にもならないと思います。「※虎穴《こけつ》に入《い》らずんば虎《こ》子《じ》を得《え》ず」という諺《ことわざ》もありますから、試しにお父さんもスマホをやってみてはいかがでしょう？　何がそこまで面白いのか、息子さんの気持ちがわかるかもしれません。

例えば、息子さんと同じSNSに登録して、SNSで会話をしてみてもいいと思います。

悟東

私も耳が痛いです
せめて
ご飯を食べてるときは
スマホはやめる
とか……
常識的な最低限の
ルールはつくっても
いいと思います


※虎穴に入らずんば虎子を得ず…中国の故事。大きな成功を収めるためには、危険を冒さなければならないという意味。

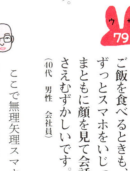

ウサ 80

**同性とつき合っていますが、親には内緒にしています。ただ最近、結婚が話題に上がることが多く、打ち明けるべきか悩んでいます。**（30代　男性　会社員）

石川

# 人生を見直す機会だと思って、責任を持って最終決断をする

もし打ち明けられるとしたら、自分のしっかりとした価値観に基づく「信念」が備わったときではないかと思います。この場合、最終目的は打ち明けることではなく、親を納得させることでしょう。単に打ち明けただけでは、「親を苦しめるだけ」になってしまうと思います。

波風立てることを避けたいのであれば、親が結婚のことを言わなくなるのを待つのが最良でしょう。しかし、それには「嘘を一生つき通すだけの忍耐力」が求められることを忘れてはなりません。

どちらを選ぶにしても、最終的に決断するのはあなた自身です。「信念と勇気」を持って親に打ち明けるか、一生嘘をつき通すか、ご自身の人生に対する責任が問われているのではないでしょうか。

打ち明けても
打ち明けなくても、
どちらも辛いかも
しれないですね。
ご両親へのフォローは
必要だと思います

ウサ 81

## 大学を卒業した息子が一年経っても働こうとしません。働く意欲を出してもらうためには、どんな言葉や行動がよいのでしょうか。

（49歳　女性　パート）

# 他力本願はいつか終わると自覚させればよい

倉本

現在、働かずして生活できているのは親御さんからの援助があるからでしょうか？　今はいいとしても、親はいつまでも生きているわけではありません。

面倒くさいという怠りの心は誰にでもあります。しかし現実から目をそむけ、楽なほうにだけ流れる感情は悪です。その状態を脱するにはまず、何かに一生懸命になることが大事です。他力本願で一生過ごすことはできません。あなたが見守ってきた我が子なのですから自信を持って、他力本願ではいけないこと、自力で行動しなければいけないことを伝えましょう。面倒でも、自力で一生懸命に生きることが大切なのだということをお伝えください。

アルバイトでもいいのでしてみれば働く意欲がわいてくるかもしれません

ウサ 82

わがままな親と縁を切りたいです。これまで散々嫌な思いをさせられてきて我慢してきましたが、もう限界です。この世から消えて欲しいです。（31歳　女性　銀行員）

村上

# 親への恩は一生もの 感謝の心を持てる距離を探る

「※父母《ぶも》の恩重きこと天の極まりなきが如し」というお経の文句があり、父親と母親には一生かかっても返せないくらいの恩が、自分が生まれた時点であるとされています。

しかし、親も人間であるがゆえに未熟な部分がある。その二本立ての現実をどうやって受け止めるかということです。

仏教の「※三業《さんごう》」という思想によると、心に思った時点で実行するのと同じ負の業を積むことになるんです。

距離を置くことで、関係が回復することもあります。もし、どうしても我慢できないなら、思うだけではなく実際に親から離れるということも選択肢のひとつです。

※出典は『仏説父母恩重難報経（ぶっせつぶもおんじゅうなんほうきょう）』という、中国でつくられたお経。父母に対する恩に報いるべきという道徳を説く。
※三業（さんごう）… 身《しん》（行動）、口《く》（言動）、意《い》（意識）の三種の行為によって生まれる業のこと。

距離を置くとお互いに冷静になれると思います

ウサ 83

**自分の子供を好きになれません。元々、子供は好きではなかったものの、産めば気持ちが変わると思っていたのですが……誰にも相談できずに悩んでいます。**（40代　女性　パート）

辻

## 親子とは命のリレー その尊さを見つめ直す

親になってから子供を好きになれない、これはもうなんと答えてよいのやら……。ただ、誰にも相談できないことは何より心苦しいと思います。好きになれないことで、自分を追い込まないでください。

「あなたなんか生みたくなかった、私だって頼んだわけじゃない!!」まれにこういう言葉を聞きますが、こんな争いは支離滅裂ですよね。まずあなたに伝えたいことは、子は親なくしてその身は存在しないということ。

自身の存在を考えてください。ご両親がいて、祖父母がいて……三百年を遡れば、およそ千人のご先祖がいることになります。つまり、あなたの命はリレーのバトンのように繋がれて、今日あるのです。そして、あなたの子供はあなたからバトンを受け取った。これがどれだけ重大なことかわかるでしょうか。

我々のもとには必ず父母の存在があるのです。星の数ほど出会いあれども、子と親の出会いは得難いものです。今一度自身の心を深く省みてください。あなたにしかできない親と子の関係が築けるよう祈念いたします。

ウサ
84

**兄弟、姉妹四人で遺産相続を巡って揉めています。昔は本当に仲がよかったのに……。お金の切れ目が縁の切れ目というのは、家族も同じなのでしょうか。**

（48歳　女性　主婦）

## お金という毒気が抜ければ、元に戻れるはずです

仏教の教えに「貪《※とん》・瞋《じん》・癡《ち》」というものがあります。

貪は（必要以上に）むさぼり求める心。瞋は瞋恚《しんに》、怒りの心。癡《ち》は愚癡《ぐち》、真理に対する無知（おろか）な心。以上の三つを三毒とも申します。

遺産相続から生まれた三毒の毒気に兄弟姉妹が当たってしまったようですね。あなたは「離」を実践され、三毒から逃れられたことは何よりであったと思います。お金はなくてはならないものですが、欲望を増大させる最たるものでもあります。

遺産という毒気が抜ければ、きっとまた元の仲のよいご関係に戻ることができると思いますし、そうなられることを願っております。

※貪瞋痴（とんじんち）…三毒ともいわれる根本的な三つの煩悩。貪は貪欲で、欲しいものに執着する貪り。瞋は瞋恚（しんに）で、思い通りにならないことへの怒り。痴は愚痴で、真理に対して無知であること。

お金に執着すると性格も変わるといいますから怖いですね

## ウサ 85

**子供の部屋にはマンガ本やフィギュアがたくさんあり、かなりの額をその趣味に使っているようです。もっと有意義なものに使って欲しいと思うのは親のわがままでしょうか。**

（53歳　男性　自営業）

# 個性は大事だけれど人としての教育も親の責務です

親には子を教育する義務があると思います。人間というのは、成長する過程で知識を吸収し、人間としての性格が形成されます。人間らしく生きるために失ってはいけない心とは、己を信じ、価値ある人間と認める「自尊心」、人を思いやる「慈愛心」、正しさと厳しさで自己管理をする「自制心」です。

個性を尊重するのも大事ですが、我が子が三つの心を育み、人間らしく生活できるように教※えるのも親の責任です。

ただ、趣味から得られることも多いと思います。すべてを否定するのではなく、やんわりと他にも素晴らしいものがあるということを伝えてみてはいかがでしょうか。

※教という字は…

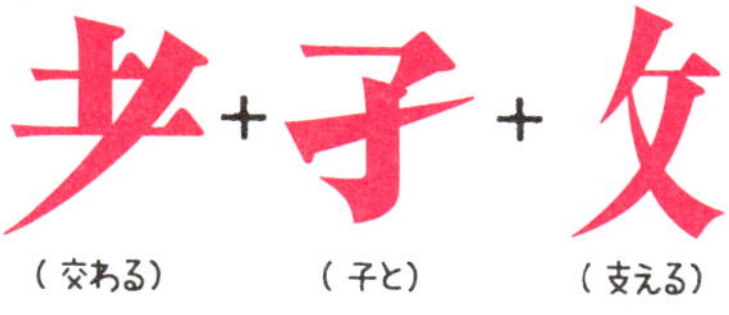


という３つから成る。
子と交わることの本分は、
「教える」ということ。

ウサ 86

**中二の子供がまったく言うことを聞いてくれません。シングルマザーでずっと働いていたので、寂しい思いをさせていたのかもしれませんが、私なりに苦労をして育ててきたのに……と、悲しくなります。**（40代　女性　会社員）

辻

## 言うことを聞かせたいのは親の一方的な都合でしかない

まず言いたいのは、それは反抗期ということです。成長を見守りましょう。

悲しくなるのは、お母さんの思い通りにならないからではありませんか？　あなたの子供であっても、子供には子供の本質というものがあります。苦労をして育てた、悲しい思いをさせた、というのはお母さんの感情でしかありません。自分の一方的な気持ちをぶつけるだけでは、意思の疎通は図れません。

親と子であるからこそ、目を見て話し合うことは重要です。言うことを聞いてくれない、そう嘆く前に、相手の主張に耳を傾けてください。まずはお子さんの気持ちを聞くことから始めてみませんか。

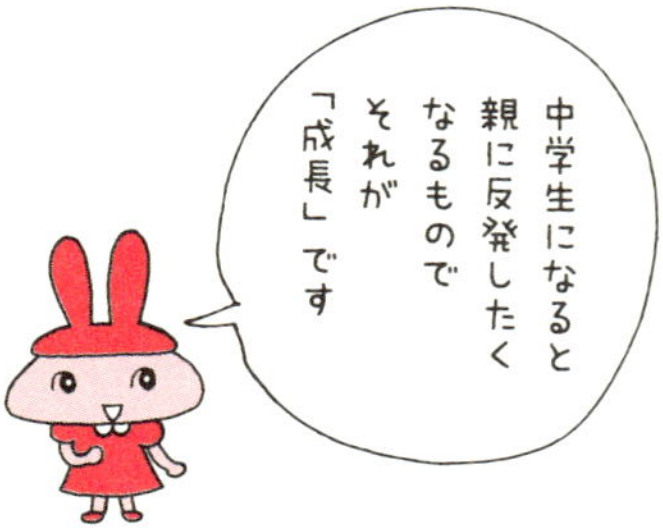
中学生になると
親に反発したく
なるもので
それが
「成長」です

ウサ 87

## 父と兄の関係が悪く、いつも間に立つことがつらいです。どちらも私にとっては大事な家族なので仲良くして欲しいのですが。

（20代　女性　会社員）

# ふたりの関係を修復できる「きっかけ」を提供する

似た昔話がございます。

兄弟間で争いごとが起き、奉行所に訴えを持ち込みます。奉行は多忙であったので、兄弟をひとつの部屋に入れて待たせることにしました。

最初はお互い部屋の隅にいて、口も利きませんでした。次第に寒くなり、部屋の中央にある火鉢のそばに寄りますが、手をかざすときでさえ大変険悪な雰囲気です。

そのとき、弟が兄の手の甲に残る大きな傷跡に気がつきます。それは、弟が幼少の頃に野良犬に襲われ、兄が弟をかばって手を噛まれた傷でした。兄弟は、仲のよかった頃の思い出話をぽつぽつと始め、話が進むにつれ昔の仲のよかった関係に戻っていきました。

年を重ねるにつれて忘れていった「お互いを思いやる気持ち」が兄弟によみがえったのです。兄弟は訴えを取り下げ、帰っていきました。

この話を参考に**ふたりの間に立ち、お互いの関係がよくなるきっかけを提供してみてはいかがでしょう。**

お坊さん自身のことを聞いてみた！
倉本明佳さん
ご自身で悩むことはありますか?
子供のことは悩みますよ
母親としての自分のあり方を考えます
昔、お釈迦様の弟子の目連の母親は、息子に無償の愛情を注いでいました
これもお食べ
しかし、目連の母親は死後、餓鬼道に落ちてしまいます
お腹すいた〜
目連の母が地獄に落ちたのは他でもない息子への無償の愛ゆえだと言われています
愛情のせいで地獄に⁉
ギャ〜
息子以外を顧みない愛情が大きすぎる執着だとみなされてしまったのです
強すぎる
愛
＝
執着

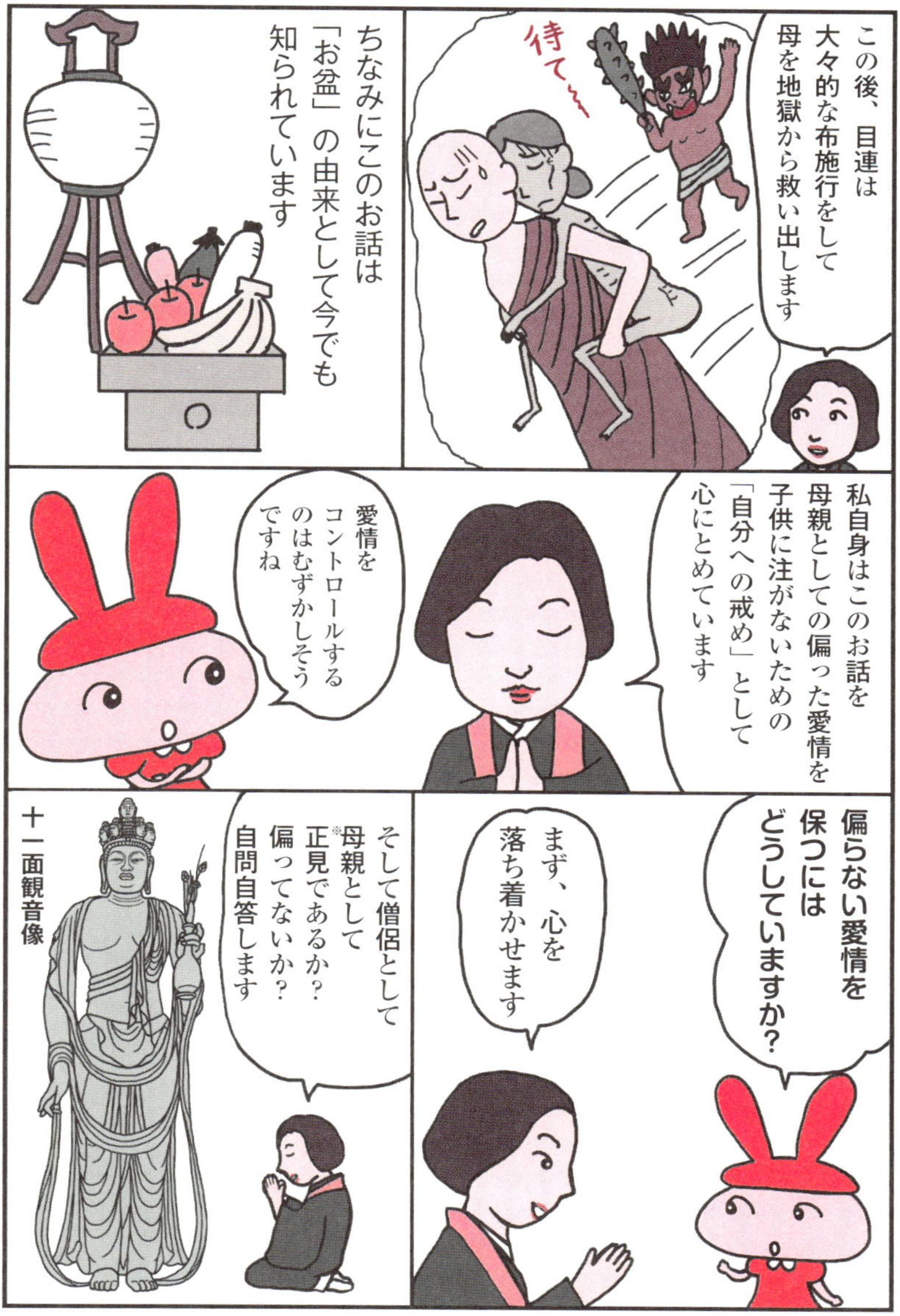
この後、目連は大々的な布施行をして母を地獄から救い出します
待て〜
ちなみにこのお話は「お盆」の由来として今でも知られています
私自身はこのお話を母親としての偏った愛情を子供に注がないための「自分への戒め」として心にとめています
愛情をコントロールするのはむずかしそうですね
偏らない愛情を保つにはどうしていますか？
まず、心を落ち着かせます
そして僧侶として母親として※正見であるか？偏ってないか？自問自答します
十一面観音像

※正見…物事を正しく認識すること（P031 参照）。

偏っていないかって
どうすれば
わかりますか?
中道《ちゅうどう》
「中道」を
心がけることです
中道?
少し
むずかしい
のですが…
右か左、片方に固執すると
片方がなくなってしまう
右
左
右と左どちらでもなく
同時にどちらでもあるという
考え方です
左
右
左
右
むずかしい〜
つまり
「とらわれない、
こだわりすぎない
ようにする」
ということです
これは
『般若心経』の
「空」にも通じる
考え方です
「空の心なり」
ですね!

# 第五章 日々のウサ

自分から行動を起こして
日々のウサと
スッキリおさらばしよう～!

## 88

### 寝る前に、いつも不安が押し寄せて眠れなくなります。考えなければいいのですが、それがなかなかできません。

（45歳　男性　IT関係）

村上

## 不安が押し寄せるのは同年代の悩み 夢中になれるものを見つける

物事を思った通りに進められるようになればなるほど、それが破綻したときにどうしようという思いが出てきますよね。年を取るほどに、この不安は大きくなります。

解決策は……実は僕も探しています。寝る前に音楽聞いたり、眠くなるまで携帯を見ていたり、本を読んだりする人がいますが、あれは余計なことを考えないひとつの方法かもしれません。自分に合う方法を探して、なるべく不安から気をそらすように努力してみてください。

おそらく中年の誰もが抱えている不安です。あなただけではないので、あまり深く心配しないことです。

疲れて寝落ちするくらい運動しまくってみては？

ウサ 89

「神様なんか、何もしてくれないのに感謝するなんておめでたい」と友人は言いますが、この世に生まれてきたことを感謝したいと思う僕は、おめでたいのでしょうか。（20代　男性　旅人）

## 私達は見えない力によって生かされています

倉本

ご友人は、神様仏様は目に見えないので、何もしてくれないと言われるのでしょうか？

なぜこの世に生まれ生活できているのか、本当のところはわからないですよね？　やはり見えない力によって生まれ、生かされているとは思いませんか？

空気は見えませんが、空気がなければ私達は生きていけません。

そう思うと空気ってありがたいですよね。

当たり前のことに自然に感謝できるあなたは、本当に素晴らしいと思います。

私達は、見えない力によって奇跡的にこの世に生まれ、生かされています。そのことに感謝すべきです。

感謝することは心の余裕を生むので、無意味ではないと思います

ウサ 90

**日常の些細な場面ですぐにイライラして、そんな自分に、さらにイライラしてしまいます。いつも心穏やかにいられる方法はありますか。**

（33歳　男性　営業）

## 心を落ち着かせる修業で人として成長できます

石川

仏教でいう貪瞋癡※の「瞋」の毒気に当てられているのだと思います。

例えばですが、お好きな仏像はございますか？　イラッときたときに目を閉じて、その仏像のお姿を思い浮かべ、その仏像があなたに「ちょっとひと息」と、語りかけてくる様を想像してみてください（お好きなアイドルでもかまいません）。目を閉じて仏像の言葉に集中することで、イライラの流れを断ち切ることができます。

最初は、なかなかうまくいかないかもしれませんが、何度も行うことで精神が鍛錬され、心が落ち着くようになります。

この「修行」を成し遂げたとき、ひと回りもふた回りも成長したあなたに生まれ変わることができると思います。くじけることなく、根気よく「修行」に励んでください。

私はイライラ
するときは
とりあえず
寝ます

※貪瞋癡（とんじんち）…P110参照。

ウサ 91

**悪いことが立て続けに起こっています。夫がリストラ、息子はバイク事故、家は空き巣に入られ……。思い当たるのは、田舎にあるお墓になかなか参りに行けず、ほったらかしにしていること。先祖が怒っているのでしょうか？**（39歳　女性　パート）

## 悪いことを見すぎると いいことが見えなくなる

悟東

先祖があっての我々なので、先祖を重んじることは大切です。もし気になるのであれば、即刻お墓参りに行きましょう。その上で何か起きたら先祖のせいではないと決着がつきます。

「悪いことが立て続けに」と思っているようですが、本当に悪いことだけですか？　悪いことというのは意識に強く残るため、そう思ってしまいがちですが、合間合間にきっといいこともあったはずです。後は、物事の捉え方ですね。例えば、空き巣被害は、強盗で殺されるよりよかったと思うなど。

悪いことにばかり意識を取られて、その間にあるいいことに気づけなくなることのほうが怖いと思います。

コップに半分しか
水がないと思うか
まだ半分あると思うか
同じものを見ても
感じ方は真逆です

ウサ 92

**痩せようと思っているのに食べてしまいます。これ以上太ると健康を害すると医者から言われたのですが、どうしても自制できません。**（30代　女性　保育士）

辻

## 将来のことを予測することで今の自分を変える

「足《た》る※を知る」という故事があります。ほどほど（足る）を知ることができれば、自制はできるようになります。でも、行動に移すのはなかなか難しい。

明日のあなたは、今日のあなたにしかつくれません。今日、すぎた行いがあったのなら、その分を自制できるのはあなただけなのです。

健康の大切さは、健康を害したとき初めて痛感しますが、それでは遅いわけです。前もって将来を予測すれば、今の自分を変えることができます。それが自制心の働きにリンクしていくのではないでしょうか。

リスクがあると知っているなら、明日、明後日、一年先の自分が今日の自分に対し、何を教えてくれるか、本気になって考えてはどうですか。

※足るを知る…さらに多くのものを求めようとする、欲望の本性を抑制するための言葉。「足る」ということを知れば、欲を少なくできるという考え。

ウサ 93

**家族に内緒で借金をしています。最初は少額だったのですが、だんだん金額が大きくなり、相談する勇気もなくて悩んでいます。**（39歳　男性　会社員）

# 迅速に真実を打ち明けて周りを味方につけよう

村上

秘密は人の心を重く縛ります。支払いする能力がなくなるのが先か、相談しないという強がりがなくなるのが先か。どちらにしても、最終的には明るみになると思います。

自分から進んで正直に話せば、吐いた言葉は戻せませんから、自分の腹がすわる。退路を断つことで覚悟ができる。しかもそうすると、物事の善し悪しは別にしても、潔い姿が評価されると思うんです。つまり、自分から公表すれば、前向きにことが進みますが、隠したままにすると、すごく暗い道を歩むことになるということ。

さらに隠しておいて途中で露見すると、今隠しているよりも恥ずかしい目に遭うと思います。

自分だけで
抱え込まず
相談すれば
気も楽に
なりますよ

ウサ 94

**生まれつき身体が弱くて、ふつうの人ならできるたくさんのことができません。どうして自分はこんななのかと悲しくなります。**

（29歳　女性　アルバイト）

## できないことではなく できることに目を向けて

お体が弱くても、ひとりの人間に変わりはありませんよね。ひとりの人間として行動し、何事にも挑戦していかれてはいかがでしょう？　そうすれば、自分の長所を自覚することができるでしょうし、他人に負けないものを築くことができると思います。そうしているうちに自分自身の確固たる価値観で行動することができるようになります。

「なぜできないんだ」と悲観的になるよりも「できること」を考えた方が前向きになれます。

あせらずできることをひとつずつ実現していくことで、身体の弱さへのこだわりは薄れていき、悲しさからも解き放たれますよ。

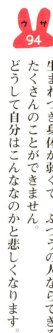

ウサ 95

**習い事をしても、長続きしません。根気よく続ける方法を教えてください。**
（30歳　女性　事務　派遣社員）

## 将来の自分を具体的に思い描き、人生に活かす

習い事とは本来、生活のエッセンスであって、なくても困りません。なので「周りがやっているから真似してみたい」という漠然とした気持ちではなく、**「これをやりたい」という、はっきりとした気持ちでなければ続かないでしょう。**

さらに習得した自分を思い描き、習い事が自分にとって必要不可欠なものになれば、それが根気に繋がります。

※『法句経《ほっくきょう》』に「白髪頭になるだけでは長老になるには不十分である。年を重ねていようともそれだけでは、ただの老人と呼ばれてしまう」という教えがあります。これは「長老」と尊敬されるためには長寿であるだけではなく、相応の教養が必要という意味です。

エッセンスである習い事ですが、もしかしたら自分の人生を助けてくれたり、人生をより深いものにしてくれるかもしれません。

生活をときめかせる習い事を見つけるために、将来の自分を具体的に思い浮かべてみてはどうでしょう。

※法句経（ほっくきょう）…古代インド語で書かれた仏教経典。『ダンマパダ』という名でも知られる。

ウサ96

**世の中には働かなくても、親の遺産で悠々と生きている人や、棚からぼたもちで、大金が手に入ったりする人がいます。世の中はなぜこんなに不公平なのでしょう。**

**（30歳　女性　派遣社員）**

# ポジティブな出来事はポジティブな考え方から

人間の顔や性格が違うのと同様、人生に違いがあるのはあたり前のことです。それを受け入れながらこの世界で生きていくしかありません。漫才師の横山たかし・ひろしさんの決まり文句に「生きなしゃーない。生きーよ」というものがありますが、まさにその通りなのです。

その上で、世の中のルールや既存の価値観に縛られず、自分の価値観による生き方が不満を解消してくれるのだと思います。

ポジティブな思い込みが人生を面白くさせる。ネガティブな思いが人生をつまらなくする。だからこそ、ポジティブな考え方をすることでポジティブな出来事を呼び込むかもしれません。

ただ他人を
うらやんでいても
自分に運は
巡ってこない
と思います

## ウサ 97

**愛犬が亡くなって二年経ちますが、ペットロスから抜け出せません。毎日そのことを考えて気持ちが沈んでしまいます。**
（39歳　女性　飲食業）

やがて別れがくることをわかっていても、愛するものがいなくなる苦しみは、とてもつらいものです。

しかし、愛するものの死は、私達が無意識に遠ざけている「死」を見つめなおす機会を与えてくれます。

悲しいことではありますが、「死」を受け止めることで、「生」の尊さに気づくことができるのです。

辻

## ウサ 98

**友人が突然の事故で亡くなりました。本当にいい奴でした。いい人間ほど早く死ぬのは、この世が修行の場だからでしょうか？長生きする人は何か罪を背負っているのでしょうか？**
（30代　男性　経営者）

友達を失った悲しみはすごくよくわかります。亡くなったご友人は、世の中が永遠ではない、つまり諸行無常※であるということを身をもって皆に教えてくれたわけです。

いい人間ほど早く死ぬのではなく、名残が惜しいからこそいい人間なのです。いい人間も悪い人間も、長生きする場合もあれば、唐突に死ぬ場合もあります。長く生きる人は、世の中に生きている間にやるべき役目が多いだけなのです。

村上

※諸行無常…P049参照。

ウサ 99

**ちょっとした嫌なことがなかなか忘れられません。数日前の嫌なことを思い出しては、すぐに凹んでしまいます。**

（45歳　男性　エンジニア）

悟東

## 嫌なことを認めることが忘れるコツ

嫌なことを忘れられないのは、「思い出したくない」という拒絶の心が原因だと考えられます。なので、思い出してしまってもそれを受け流すようにしてみてください。

それと、思い出している自分を認めてあげること。嫌なことがあった事実を否定しないこと。それが忘れる一番の秘訣です。

嫌なことを認めたくないが故に否定して、嫌なままにしておくと、ますます思い出しては忘れられなくなります。

一度受け止められれば嫌なことを流せるようになり、凹まなくなりますよ。

嫌なことは
時間が経つと
薄れていくので
それを待つしか
ないのでは？

ウサ 100

## 何もしたくない日々が続いています。やる気がないのを親にも叱られますが、どうすればやる気が出るのか知りたいです。

（17歳　男性　高校生）

# 何もしなくても人は老いていく　今しかできないことを見逃さないで

　どうして何もしたくないのでしょう？　何をしたって、どうせ死ぬからですか？　たしかに人はいつか老いて死にます。「諸行無常」※という言葉の通り、人生ではいつどんなことがあるかわからない。今日の自分は、昨日の自分であるとは限らない。明日の自分が、今日の自分であるとも限らない。すべての存在は、いつも同じではなく変化するものなのです。

　子供はいつまでも子供でいられるわけでなく、小学生は中学生へ、そして高校生へと大きくなる。子供のうちは「成長」と表現されますが、だんだん「老化」と言われるようになります。

　お釈迦様であっても生まれたからには「老」と「死」からは逃れられません。お釈迦様はそのことにたいそう苦しみ、出家し、そして真理を悟られました。

　いつか必ず、誰もが死に直面します。それならば、生きている今を、二度とこないこの一瞬を、大切に生きなくてはと思いませんか。

※諸行無常…Ｐ０４９参照。

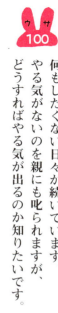

ウサ 101

## 悲しいニュースばかりで、胸が痛くなります。どうしてこんな世の中になってしまったのでしょうか。

（40歳　女性　主婦）

## 当たり前の日常に感謝 それが「足るを知る」ということ

お釈迦様は、人間が「※足《た》るを知る」を忘れたとき、すべてが崩れていくと説かれました。

現代の人々が、自己の欲望のおもむくまま、衝動的な行動へと駆り立てられるようになった結果、胸を痛める出来事が増えているのだと思います。

このことは、まさに「足るを知る」を忘れて社会も人も壊れていくことの象徴であると思います。

文明・文化の進歩、経済の発展ばかりに心を奪われる今こそ、「足るを知る」を思い出し、この言葉が持つ意味を心に刻むときがきているのだと思います。

※足るを知る…Ｐ１２２参照。

昔から飢饉や疫病などの
ひどい出来事は
たくさんありました
今はネットで
悲しいニュースが
目につきやすいのだと
思います

## ウサ 102

**貯金をしようと思えばできない給料の額ではないのですが、気づくといつも給料を全部使ってしまいます。**
（34歳　男性　会社員）

悟東

## 貯金は義務ではありません 自分にあった金遣いを

あなたが、もし明日死んでしまうとしたら、お金を使っておいてよかったと思いますよね。人間は先が見えないのです。

他人に迷惑をかけない範囲で、お金を使うことが自分にとって一番気持ちいいのであれば、まったく問題ありません。

もちろん、貯金はできたほうがいいと思いますが、稼いだ範囲で使っているようなので問題ないでしょう。

もし収入より支出が多く、「ローンや借金が増えて地獄だ」というのであれば問題ですが、ちゃんと稼いだ範囲で使っているのだから、誰も文句は言えないと思います。

自動で銀行に引き落し貯金されるようにすると知らない間に貯まりますよ

ウサ 103

**パチンコをやめられません。これだけと決めてもついつい熱くなってしまい、持ち金を全部使ってしまいます。**

（30代　男性　自営業）

## 欲をかきたてる対象に近づかない

仏教において「欲とは自分の妄想である」と考えます。勝ったときの妄想にとりつかれているため、ついつい熱くなってしまうのでしょう。

お釈迦様はお弟子さん達に、欲や執着から離れるためには、物を持たない生活をしなさいとおっしゃいました。これを教訓にして、普段から多額のお金を持ち歩かないことが第一だと思います。そして、欲の根源であるパチンコ屋さんには近づかない。

簡単なことや当たり前のことでもひとつずつ実現すると、それが自信になり、それが一番の近道になります。

これも「修行」だと思って、くじけず、積み重ねていきましょう。

他に夢中になれることを見つけてはいかがでしょう

ウサ 104

**毎日同じ生活を送ることに飽きてきましたが、新しいことを始める勇気はありません。何かキラキラしたことが起きないか毎日考えています。**

（20代　女性　派遣社員）

# 受け身な姿勢を改めて「ご縁」を呼び込む

村上

仏教では、物事には必ず原因があると説きます。これを「縁起の思想」※といいます。キラキラしたことが起きるのは、そこに何らかの縁が働いているからです。

何かのきっかけは外からくる場合もありますが、自分が動いて縁をつかまない人の手には、一切残りません。

明確な決まりはないけれど、僕自身が使うときは「縁」と「ご縁」で使い分けています。「ご縁」という場合は外からくるもの、自分で何か起こすときは「縁」としています。

縁がないというのは、自分の努力がうまく実っていないということ。努力の仕方が間違っているということですね。

※縁起の思想…仏教の主要な思想のひとつ。原因（縁）によって結果（物事）が起きるという教え。

自分で行動しないと何も起こらないと思います

ウサ
105

## 物事をついつい先延ばしにしてしまいます。どうしたら、先延ばしをやめられますか。

（35歳　女性　出版関係）

辻

# 習慣づけをすることで体に染みつかせる

このご時世、メールでのやり取りが当たり前になりました。便利なネットのおかげで、時間や空間の隔たりがなくなったように思えます。ＰＣさえ持ち歩けば、仕事は職場に限定することなくどこにいてもできてしまう。しかし、その便利な環境はときに私達をものぐさにします。

明日があると疑わないから、いつでもできることは「そのうちやればいい」と思い、ついつい先延ばしにしてしまう。これは私も耳が痛い（笑）ただ、明日があるという確証はどこにもありません。明日のために今日を生きるのではなく、今があるから明日を生きることができると悟ることができれば、やるべきことは先延ばしにできません。

具体的に言うならば、まずは習慣づけることを意識してください。今のあなたは、先延ばしにすることが習慣になっているわけです。仏教で「※薫習《くんじゅう》」という言葉があります。すぐ行動することを体に染みつかせることができるようになれば、やがて意識しなくても先延ばしはしなくなりますよ。

※薫習（くんじゅう）…物に香りが移って染みつくように、人の精神・身体の行為が、自らの心に残って習慣となること

ウサ 106

**天災が怖くて、毎日怯えています。遠方の災害のニュースを目にするだけでも不安になります。どうしたら、この状態から脱することができるでしょうか。**

（33歳　女性　事務）

石川

## 日頃の備えを万全に　シミュレーションで不安軽減

大きな天災が相次いで起こっていますし、人間がくい止めることはできないので、いつ自分自身が遭遇するかもしれないと思うと不安になりますよね。

我々にできることは、災害が起こったとき、どう対処するか想定し、準備をしっかりとしておくことだと思います。

まず、ご自身が住んでおられる地域の避難経路や避難場所、緊急時の連絡方法を確認してください。そして、常に自分がいる場所において瞬時に対応できるようになりましょう。

いつも「今、何かがあればどうする?」と頭の中でシミュレーションするだけで安心感が芽生えます。

私も怖いので
日頃から
対策を考えておく
ようにしたいと
思います

ウサ 107

**職場と家の往復ばかりしています。彼女もいません。趣味もありません。このままつまらない人生を送るのかと思うと憂うつになります。**

（30代　男性　エンジニア）

## 小さな変化の積み重ねが大きな変化になる

ある意味今の生活に満たされているから、余計なことを求めないのかもしれませんね。でも、充実するための人生を模索したいとも思っていて、日常を転換させたいという意気を感じます。

毎日が同じように感じても、一日たりとも同じ日はありません。同じと思うのは、自分が決まった行動しかしていないからです。日常の何気なく習慣化されている行いを意識的に変えてみてはどうでしょう？　小さな変化でも積み重ねることができれば、やがて大きな変化になります。ただ、私は物事に執着せず、たんたんと過ごす人生を否定しません。ＳＮＳやメールに振り回されない、さっぱりした生き方を願いたいですね。

趣味がなくても彼女がいなくても自分が幸せだと思えればそれでいいと思います

ウサ 108

**自分はちょっとしたことでドキドキしてしまう小心者です。大らかで堂々としている人を見ると羨ましくなります。どうすれば、堂々とした人になれるのでしょう。**（20代　男性　webデザイナー）

## 堂々と見えるのは努力の賜物

堂々として見える人でも、大事な場面では、実際は相当ドキドキしていると思いますよ。才能豊かなスポーツ選手であっても、人一倍、必死に練習しているんです。

おおらかで堂々としている人達も同じで、そこにいたるまでにやれることを全部やっているのだと思います。

努力が足りていなくて、不十分な状態で本番を迎えた人達というのは、どうしても後ろめたさが残るので、隠そうと思ってもつい表に出てしまう。

だからドキドキしてしまうというのは、何かやり残したことがあるんじゃないかと思います。

やれることを全部やったら自信に繋がってやっぱりそれが態度に現れますよね

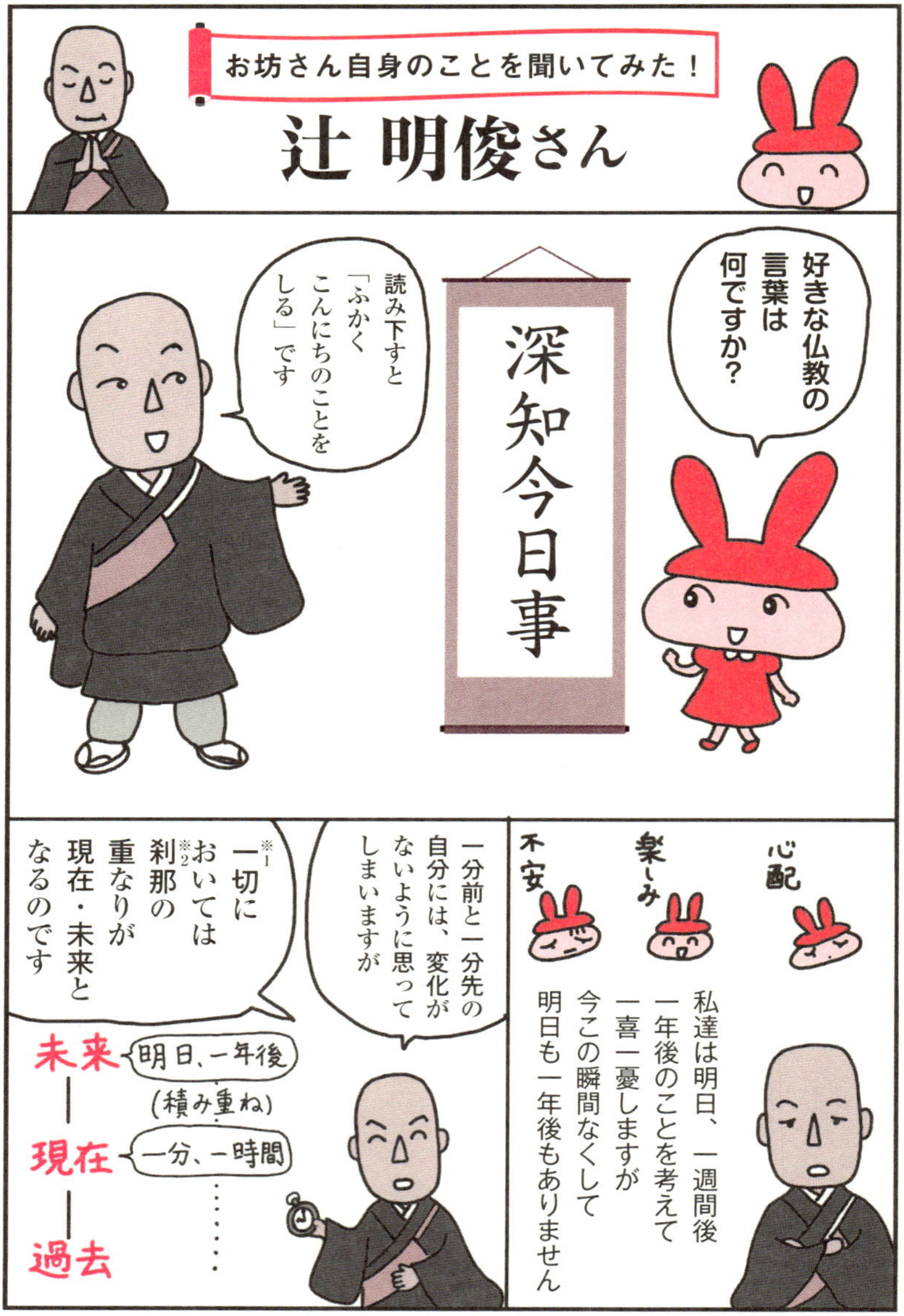

お坊さん自身のことを聞いてみた！
辻 明俊さん
好きな仏教の言葉は何ですか？
深知今日事
読み下すと「ふかくこんにちのことをしる」です
心配
楽しみ
不安
私達は明日、一週間後一年後のことを考えて一喜一憂しますが
今この瞬間なくして明日も一年後もありません
一分前と一分先の自分には、変化がないように思ってしまいますが
一切[※1]においては刹那[※2]の重なりが現在・未来となるのです
未来
明日、一年後
(積み重ね)
現在
一分、一時間
過去


※１……この世のすべてのこと。
※２……一瞬一瞬、瞬間。

ご自身で悩んだこと、その解決方法を教えてください
はい。私が大学生だったときのことです
ある日、仏教を学ぶ楽しさを教えてくれた先生が紅葉の時季に窓の外を見て
君達は何色だ？
くるっ
青は青、赤は赤、黄色は黄色だろ。黄色は赤じゃないよね
自分の色？そんなこと考えたことないわ〜
ハッ
当時はマッシュルームカットだった辻さん
う〜ん
たしかに…当たり前のことだけど紅葉の葉は、「赤は赤」「黄は黄」ありのままの色を素直に出しているんだ…

自分の色ですか…むずかしい問いですね
私は何色?
私も自分の色についてとても悩みました
でも今では「悩んだり、迷ったときこそ」自分の色を考えるようにしています
「悩んだときにこそ」とは？詳しく教えてください！
自分は何色?
あの色
この色
その色
どの色
自信を持てなかったり、あれこれ惑わされてしまうのは、自分の色がぼやけているからです
例えば、「赤は赤」っていうその色を出しているからその色に見える
偽りの私
ありのままの私
心がふらついたときこそ「自分は自分の色を出せばいいんだ」そう言い聞かせ乗り切ります
悩んだときこそ自分を見つめ直すいい機会ということですね！

## おわりに

# 古くからの仏様の教えは、現代の人々の悩みをも解決してくれるものでした

108の悩み（ウサ）について、五人のお坊さんに答えていただいた内容はいかがだったでしょうか？　皆さんの悩みの解決の糸口になる智慧が、得られたのではないでしょうか？

二五〇〇年の歴史を持つ仏教の教えには、現代の私達の悩みを解決してくれるヒントがたくさんあるということが、本書を読んでいただければおわかりいただけると思います。

私達は、日々些細なことで悩んだり、苛立ったり、悲しんだりします。そんなとき、本書を読んで悩みに応じた解決法を探してみてください。

最後に

# 疑問に思ったことを聞いてみた！

## 煩悩の数が108つなのは、なぜですか？

煩悩は大きく分けると三種類あり、それを三漏《さんろ》（欲漏《よくろ》・有漏《うろ》・無明漏《むみょうろ》）といいます。ひとつの漏にそれぞれ数十種の煩悩が附《ふ》随《ずい》していて、すべて足すと108つになります。このことは古い経典にも説かれていて、それがいつしか一般的になったのでしょう。しかし実際はもっと多いのかもしれません（笑）

## 目に見えない世界（あの世）とは、どこにあるのでしょうか？

実は、あの世とこの世が別々に存在しているわけではありません。というのも本来「心」というのは、独立して存在しているのではなく、ありとあらゆるものと繋がっているのです。つまり心は世界、ひいては宇宙全体を含んでいて、逆に心の中に物理的世界が現れ出ているともいえるのです。ですから、あの世もこの世も我々の心の中にあるのです。

## 輪廻転生はあるのでしょうか？

日本の仏教では輪廻転生は基本「ある」と考えられ、具体的には「六道輪廻」といわれます。六道とは地獄、餓鬼、畜生、人間、修羅、天の六つです。この世における行いの善し悪しで、どれに生まれ変わるかが決まるので、現世で善い行いをしましょうという教えでもあるのです。

〈六道輪廻の図〉

五人のお坊さんにお話を聞かせていただき、私自身の悩みの解決法も得られました。考え方ひとつ変えるだけで「日々の暮らしがなんと潤いにみちたものになるのか」と仏教の教えに気づかせていただきました。そして、ますます仏教ってすごいなと思わされました。

最後になりましたが、お坊さんをはじめとする取材に協力してくださった皆様、そして本書を手に取ってくださった皆様、本当にありがとうございました。

田中ひろみ

## 藝術学舎設立の辞

京都芸術大学
東北芸術工科大学
創設者　徳山詳直

2011年に東日本を襲った未曾有の大地震とそれに続く津波は、一瞬にして多くの尊い命を奪い去り、原発事故による核の恐怖は人々を絶望の淵に追いやっている。これからの私たちに課せられた使命は、深い反省による人間の魂の再生ではなかろうか。

我々が長く掲げてきた「藝術立国」とは、良心を復活しこの地上から文明最大の矛盾である核をすべて廃絶しようという理念である。道ばたに咲く一輪の花を美しいと感じる子供たちの心が、平和を実現するにちがいないという希望である。

芸術の運動にこそ人類の未来がかかっている。「戦争と平和」「戦争と芸術」の問題を、愚直にどこまでも訴え続けていこう。これまでもそうであったように、これからもこの道を一筋に進んでいこう。

藝術学舎から出版されていく書籍が、あたかも血液のように広く人々の魂を繋いでいくことを願ってやまない。

**お坊さんに聞く 108の智慧**

2017年 3 月 15 日　第一刷発行
2020年 12 月 25 日　第三刷発行

著　者　田中ひろみ（たなか　ひろみ）
発行者　徳山　豊
発　行　京都芸術大学 東北芸術工科大学 出版局 藝術学舎
〒107-0061　東京都港区北青山 1-7-15
電話 03-5412-6102　FAX 03-5412-6110
発　売　株式会社 幻冬舎
〒151-0051　東京都渋谷区千駄ヶ谷 4-9-7
電話 03-5411-6222　FAX 03-5411-6233
印刷・製本　図書印刷株式会社


ISBN 978-4-344-95317-8